W0058048

Zardo · Zwecker
Cucina Gardesana

Cucina Gardesana

*Kulinarische Entdeckungen
am Gardasee und in Verona*

Manuela Zardo, Text
Hellmuth Zwecker, Text und Fotos

Hugendubel

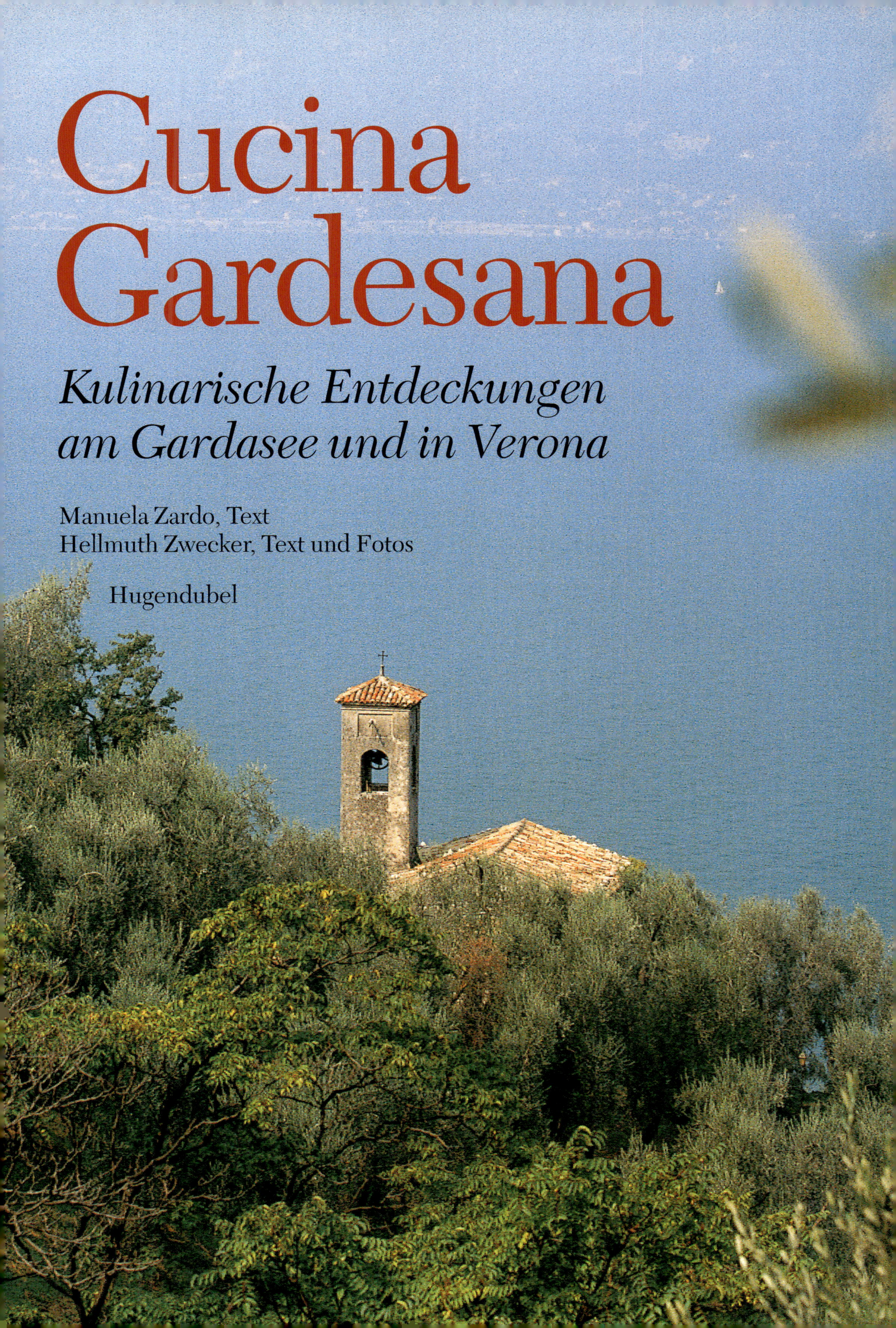

Abbildung auf der vorangegangenen Doppelseite:
Blick auf den Gardasee bei Brenzone

Die Deutsche Bibliothek – CIP-Einheitsaufnahme
Cucina Gardesana : kulinarische Entdeckungen am Gardasee und in
Verona / Manuela Zardo, Text. Hellmuth Zwecker, Text und Fotos. –
München : Hugendubel, 1999
ISBN 3-89631-254-5

© Heinrich Hugendubel Verlag, München 1999
Alle Rechte vorbehalten

Lektorat: Kristin Bamberg, München
Umschlaggestaltung: Zembsch' Werkstatt, München
Produktion: Tillmann Roeder, München
Satz: SatzTeam Berger, Ellenberg
Reproduktion: repro-center Färber, München
Druck und Bindung: Bosch, Landshut-Ergolding
Printed in Germany

ISBN 3-89631-254-5

Inhalt

Zwischen München und der Toskana

Goethe schreibt am 12.9.1786: »Heute abend hätte ich in Verona sein können, aber es lag mir noch eine herrliche Naturwirkung an der Seite, ein köstliches Schauspiel, der Gardasee, den wollt' ich nicht versäumen, und ich bin herrlich für meinen Umweg belohnt worden.« Auch wir belohnen uns hin und wieder. Für uns liegt der Gardasee auf halbem Weg zwischen München und der Toskana, unserem italienischen Hauptwohnsitz, oder unserem zweiten Wohnort Venedig. Unsere Erinnerungen an den See reichen bis in Kindertage zurück. Natürlich hatte das kleine italienische Mädchen, das mit seiner venezianisch-vicentinischen Familie zu Sonntagsausflügen hierherkam, andere als der blonde Bube, der die lange Anreise über die Berge, noch vor den Zeiten der Inntal- und Brennerautobahn, voller Ferienvorfreude ungeduldig auf der Rückbank des väterlichen Autos verbrachte. Aber an sommerliche Badefreuden, ausgedehnte Bootsfahrten sowie unbeschwerte Abende an Tischen mit mehr oder weniger fremden Speisen, daran erinnern wir uns beide.

Irgendwann ist dann der See aus unserem regelmäßigen Jahresablauf verschwunden, die Besuche wurden sporadisch und seltener. Wie oft sind wir an der Ausfahrt »Lago di Garda nord« vorbeigefahren, und wie fest haben wir uns jedesmal vorgenommen, bei der nächsten Vorbeifahrt genug Zeit einzuplanen, um den Goetheschen Umweg zum »köstlichen Schauspiel« zu machen. Hatten wir es dann doch einige Male geschafft, war das Schauspiel leider allzuoft gar nicht so köstlich. Abgesehen von verstopften Straßen und zu vielen Menschen in unsäglich bunten Sport- und Freizeitklamotten, war vor allem das Bild, das sich auf den Tellern der Gasthäuser darbot, wenig verlockend.

Vielfach ist das leider auch heute noch so, aber zum Glück hat sich an einigen Ecken etwas zum Positiven verändert. Das hat uns in der letzten Zeit wieder häufiger hierhergelockt. Denn der Gardasee ist zu schön, um ihn sich verderben zu lassen. So wie durch die gemeinsame Anstrengung aller Ufergemeinden sein Wasser die gute Qualität wieder zurückbekommen hat, so verdanken wir es den Mühen und dem Mut einiger Köchinnen und Köche, Wirtinnen und Wirte, wenn heute wieder Gerichte auf den Tisch kommen, die köstlich

*Kleiner Fischerhafen
am Ostufer*

wie früher schmecken, aber auch unseren gestiegenen Erwartungen gerecht werden.

Verona ist zu nah, als daß es nicht automatisch mit in unser Blickfeld geraten wäre, und außerdem ist die Veroneser Küche zu gut, um sie links liegen zu lassen. Hier in der Stadt waren Enttäuschungen hauptsächlich auf der Seite der sogenannten Traditionslokale anzutreffen, der Adressen, die in fast jeder Publikation wiedergekäut werden. Wir gewannen häufig den Eindruck, daß schon seit Jahrzehnten kein kritischer Mensch mehr dort gegessen hat. Vor allem aber ist in Verona, auch durch die bedeutendste italienische Weinmesse »Vinitaly«, das Thema Wein wieder auf die vorderen Plätze gerückt, dorthin, wo es in der Gastronomie gehört.

Die schönen und originellen, die beständigen und soliden, die mutigen und die genialen unter den ländlichen Wirtshäusern oder den städtischen Restaurants, den *trattorie, osterie* oder *ristoranti,* haben wir für unsere Leser herausgesucht, die sich gerne, »eine herrliche Naturwirkung an der Seite«, eine Landschaft kulinarisch erschließen. Die Auswahl will unter keinem Gesichtspunkt umfassend oder für irgend etwas anderes repräsentativ sein als für unseren eigenen Geschmack. Wir sind beide seit unserer Kindheit in Italien unterwegs, das kleine schwarzgelockte Mädchen weiß bis heute, wie die traditionellen Gerichte ihrer Heimat bei ihrer Großmutter oder in den Lieblingsrestaurants des Vaters geschmeckt haben, der blonde Knabe hat die ersten überwältigenden Eindrücke nicht vergessen und inzwischen eine Menge neuer dazugewonnen. Gemeinsam haben wir mit diesem Buch wieder versucht, derartige Erfahrungen für Sie nutzbar zu machen.

Manuela Zardo und Hellmuth Zwecker

La Terrazza

Der Lieblingsferienort der jungen windschlüpfrigen Surfergemeinde, der bunten Biker und wilden Free climber war ursprünglich ein kleines Fischerdorf an der Mündung der Sarca, Hauptzufluß des Gardasees. Torboles freie Lage erlaubt am Nachmittag einen mitleidigen Blick hinüber nach Riva, das schon längst in den Schatten der umliegenden Berge versunken ist, während hier die Sonne noch lange versucht, das eiskalte, klare Gebirgswasser aus dem Adamellogebirge und der Brentagruppe zu erwärmen.

Das Leben tobt in Torbole, wen wundert's, bis spät in die Nacht, aber auch, und das ist etwas überraschend, schon ab sechs Uhr früh. Schuld daran ist der *sòver,* der Nordwind, der verläßlich bis neun Uhr früh und meist auch länger oft Hunderte Segel bläht. Den richtigen Kick aber geben erst die plötzlichen Fallwinde, die gefährlich durch die »Düse«, die engste Seestelle, pfeifen und den oberen Gardasee zum beliebtesten europäischen Starkwindrevier der neuen Sturm-und-Drang-Generation machen. Diese interessiert sich herzlich wenig für jenen stürmischen Goethe, der hier in Torbole 1786 erstmals die sehnsüchtig erwarteten glitzernden Oliven- und die großblättrigen Feigenbäume erblickte. Auch die dunkelgrünen Pinselstriche der ersten Zypressen und das zarte Rosarot der wilden Oleanderbüsche signalisierten ihm: Hier beginnt der Süden. Und als am Nachmittag der Wind drehte und die thermische Ora von Süden nach Norden wehte und sich ein wunderschönes silbriges Licht über den gekräuselten See legte, da fühlte sich Goethe schon wie an den Gestaden des Mittelmeeres und seine Feder huschte beschwingt über sein Iphigenie-Manuskript, an dem er gerade arbeitete. Noch heute ist die Ora die große Freude der jungen Leute, die sich auch in diesem Wind verwegen in ihre Klarsichtsegel hängen.

Auf den schiefen Felsgruppen des Monte Brione und entlang der aus Norden kommenden Paßstraße haben sie sicherlich die Reste der alten österreichischen Geschützstellungen übersehen, die vom ehemaligen Grenzverlauf zwischen deutschem und italienischem Sprachraum zeugen, und am Hafen das kleine Zollhaus, an dem ein Relief den abenteuerlichen Transport der venezianischen Kriegsflotte über die Paßhöhe von Nago im Jahr 1439 darstellt. Der Transport von Surfbrettern birgt eben geringere Probleme.

So ein gebuildeter Sport- und Freizeitbody sucht beizeiten Ernährung und Sättigung statt kulinarischer Meditation, Nonstop-Pizza, Energy-Drinks oder reichlich Bier. Um so erfreulicher, wenn

Lavarello alla »Vichinga«
Blaufelchencarpaccio »Wikinger Art«

Für 4 Personen

2 Blaufelchen, geputzt und
  entgrätet
2 EL Olivenöl extra vergine
Saft von 1/2 Zitrone
Salz, Pfeffer aus der Mühle
2 Tomaten, gewürfelt
8 Basilikumblätter

Die Blaufelchen im Tiefkühlfach kühlen, aber nicht einfrie-
ren lassen. Mit einem scharfen
Messer in dünne Scheiben
schneiden, auf die Teller legen
und mit Olivenöl und Zitronensaft beträufeln. Salzen und
pfeffern. Mit Tomatenwürfeln
und Basilikum garnieren.
Dazu geröstete Weißbrotschei-
ben mit Butter reichen.

Das junge Talent Ivo Miorelli

da ein junger Koch seit 1990 sein kulinarisches Segel gegen den
Wind stemmt, noch dazu mit einem Lokal in exponierter Lage,
direkt am Seeufer, zwischen Hafen und dem langen Strand »Al
Cor«, der bis zur Sarca-Mündung reicht. Der junge Widerständler
heißt Ivo Miorelli und entstammt einer alten Gastronomen-Familie,
die früher ein Hotel mit renommiertem Restaurant am Ort betrieb.
Noch heute steht die Mutter dem Sohn zur Seite, der einen wichti-
gen Teil seiner auswärtigen Erfahrungen hinter dem Herd einer
bekannten Küche in Trient gemacht hat. Diese Einflüsse sind noch
positiv spürbar, auch wenn er sich heute ganz einer modernen inno-
vativen Küche und dem Seefisch verschrieben hat.

Tagliolini fatti in casa con trota affumicata, cipollotti e anice

Hausgemachte Tagliolini mit geräucherter Forelle, Frühlingszwiebeln und Anis

Für 4 Personen

Für die Nudeln:

400 g Mehl
5 Eier
1 EL Olivenöl extra vergine

Für die Sauce:

2 Frühlingszwiebeln
1 EL Olivenöl extra vergine
100 g Forellenfilet, geräuchert
2 cl Brandy
200 ml Fischfond
100 g Sahne
1/2 TL Anissamen
1 EL gehackte Petersilie

Die Zutaten für die Nudeln mischen und kneten. Den Teig dünn ausrollen und mit einem Messer oder mit der Nudelmaschine in dünne Streifen schneiden.

In einer Pfanne die gehackten Frühlingszwiebeln in Öl anbräunen. Das Forellenfilet in kleine Würfel schneiden, hinzufügen, leicht anbraten, mit dem Brandy begießen, diesen verdunsten lassen, Fischfond, Sahne, Anissamen und Petersilie dazugeben. Noch einige Minuten köcheln und die Sauce etwas eindicken lassen.

Die frischen Nudeln in reichlich Salzwasser ganz kurz al dente kochen, abgießen, in die Pfanne geben und vorsichtig wenden. Sofort servieren.

Dieser wird ihm täglich von den Fischern der Cooperativa di Garda gebracht, und er zaubert aus Blaufelchen, Schleie, Renke oder den unterschiedlichen Forellensorten des Sees so wohlklingende und -schmeckende Gerichte wie *trota alla Vichinga*, was soviel wie »nach Wikinger Art« bedeutet, vielleicht so benannt, weil der Fisch roh gegessen wird, *polpettine di lavarello*, *bigoli in salsa* oder *sisam*. Die letzten beiden Gerichte sind wohl mit den Venezianern an den See gelangt, denn sie erinnern stark an deren berühmte *sarde in saor* und die *bigoi in salsa*. Diese werden hier aber nicht aus Sardinen sondern mit *aole*, kleinen Weißfischen aus dem See, zubereitet. Über seine köstlichen *risotti*, *tagliolini* oder *scaloppine* hobelt Ivo pro Jahr etwa 20–30 Kilogramm wohlschmeckende Trüffeln vom Monte Baldo, die die fleißigen Trüffelhunde hoch oben am Berg – außer in den Hochsommermonaten – fast immer finden.

Ivo hat bei seinem Aufenthalt in der »Fremde« auch die Trientiner Weine kennen- und liebengelernt. Einige seiner Lieblingsweine kommen aus der Kellereigenossenschaft von Lavis. Innerhalb dieser interessanten Weinbauernvereinigung haben sich gut 100 der 800 Mitglieder zusammengeschlossen und eine eigene Qualitätslinie geschaffen. Für diese besonderen Weine, die unter der Bezeichnung »Ritratti« abgefüllt werden, wurde z. B. chemische Düngung im Weinberg völlig abgeschafft, die Schädlingsbekämpfung stark reduziert und auch bei der Arbeit im Keller sehr auf qualitätsfördernde und ökologisch orientierte Maßnahmen gesetzt. In ausgewählten Lagen werden ein Pinot Bianco Ritratti, ein feinduftiger Weißburgunder, ein Pinot Grigio Ritratti, ein gehaltvoller Grauburgunder, und als dritter Weißwein ein Nosiola, ein leichter Wein aus einer einheimischen Rebe, ausgebaut. Bei den Roten steht der Ritratto aus den einheimischen Teroldego- und Lagreintrauben im

Polpettine di lavarello
Blaufelchenklößchen

Für 4 Personen

3 Blaufelchen, geputzt und
   filetiert
2 Stangen Lauch
2 Fleischtomaten
1/2 Glas trockener Weißwein
6 Basilikumblätter
4 EL Olivenöl extra vergine
Mehl
Salz, Pfeffer

Die Blaufelchenfilets kleinhacken, zu Klößchen formen,
leicht in Mehl wenden.
In einer Pfanne das Öl heiß
werden lassen und die
Klößchen anbräunen. Salzen,
pfeffern, den feingeschnitte-
nen Lauch und die gewürfelten Tomaten dazugeben.
Den Wein angießen und verdunsten lassen. Mit feinge-
schnittenem Basilikum
servieren.

Mutter Miorelli

Vordergrund, ein charaktervolles typisches Gewächs der Gegend, in Barrique-Fässern ausgebaut, hinter dem sich auch der geschmei-dige Trentino Cabernet Sauvignon Ritratti nicht verstecken muß.

Die Stimmung, wenn die warme Ora vom See herauf so vorteilhaft durch die Weingärten des Trentino bläst, hat Albrecht Dürer bei sei-nem Aufenthalt 1495/96 höchst persönlich porträtiert. Daraus wie-derum ließ sich ein treffliches Weinetikett entwickeln. Das brachte den Münchener Weinhändler Eberhard Spangenberg auf die Idee, die von ihm importierten Weine der Ritratti-Qualität im Zeichen des Südwindes anzubieten. Wer sich von der Eleganz und vom Gehalt der Lavis-Weine auf der schönen Terrasse am See überzeu-gen ließ, der kann nach seiner Rückkehr bei einem Fläschchen »Ora del Lago« aus dem Weinhaus »Garibaldi« wenigstens in Gedanken etwas warmen Seewind schnuppern.

Auch Meister Albrecht überkam beim Verlassen Italiens eine schreckliche Vorahnung: »Wie wird mir nach der Sonne frieren«, schrieb er zu seinen Skizzen. Und wer weiß, vielleicht hat auch er zur Überwindung der nordischen Kälte einige Liter Teroldego in seine Kutsche geladen. Zeitgenossen sollten in ihrer modernen Urlaubskutsche für die Rückfahrt unbedingt noch etwas Platz lassen und ein wenig Zeit einplanen, um beim Weingut Foradori in Mezzo-lombardo einige Flaschen Sauvignon zu fassen – falls sie von der raren Köstlichkeit noch etwas bekommen, denn leider ist das Klas-segewächs, das unter dem Namen Myrto abgefüllt wird und so herr-lich nach Holunder und Lorbeer duftet, meist schnell ausverkauft.

Mousse di melone
Melonenmousse

Für 4 Personen

1 Honigmelone von ca. 800 g
300 g Puderzucker
9 Blatt Gelatine
Saft von 2 Zitronen
600 g Sahne

Melonenfleisch und Zucker im
Mixer verrühren. Die in Was-
ser eingeweichte Gelatine aus-
drücken und in einer Pfanne
mit dem Zitronensaft auf dem
Herd verflüssigen und in einer
Schüssel mit dem Melonen-
mus verrühren. 24 Stunden im
Kühlschrank ruhen lassen.
Die Sahne schlagen und mit
Vorsicht untermischen. Die
Mousse auf die Teller löffeln
und, mit Melonenschnitzen
garniert, servieren.

15

Piè di Castello

Das Bergdorf Tenno

Ganz und gar deutsch mutet die Burg von Arco an. Vielleicht hat Albrecht Dürer sie deshalb so aufmerksam studiert und in einem Aquarell festgehalten. Unterhalb ihrer Mauern wachsen dagegen, in unerwartetem Kontrast, Oliven und Zypressen. Im Ort selbst fühlt man sich an ein Städtchen am Inn erinnert, vielleicht noch an Bozen. Die Form der Burg erzählt aber eine noch ältere Geschichte. Sie war von den Bauern des Tals als Fluchtburg errichtet worden, in der jede Familie ein kleines Haus, ausgestattet mit Vorräten für Notzeiten, unterhielt. Das war eine keltische Tradition, die von den Langobarden übernommen worden war. Die Geschichte der Grafen Arco, deren bayerischer Zweig heute vor allem Biertrinkern ein Begriff ist, berichtet lebhaft vom Aufstieg einer kleinen langobardischen Adelsfamilie zu Reichsgrafen, die laufend in die geschichtlichen Spannungen zwischen dem deutschen Norden und dem italienischen Süden, zwischen der Idee des europaweiten Reiches und der Idee der Nationalstaaten hineingezogen wurde.

Das benachbarte Riva war 1805 beim Frieden von Preßburg Bayern zugeschlagen worden und wurde, nun unter Habsburger Herrschaft, um die Jahrhundertwende ein bevorzugter Ferienort des Wiener k. u. k. Bürgertums, das zwar südliche Stimmung, aber österreichischen Luxus suchte. Das Wahrzeichen der Stadt ist der »Anzolim«, der Engel, der auf dem Apponale-Turm als Wetterfahne die Winde anzeigt. Beim Anblick dieses Turmes überkam Friedrich Nietzsche der Wunsch, sein Leben dort oben als Eremit zu verbringen. Anzunehmen, daß dem Mann, der folgenden Satz zu formulieren wußte, bald recht langweilig geworden wäre: »Mit Italien lebt man wie mit einer Geliebten: heute in heftigem Zank, morgen in Anbetung – mit Deutschland wie mit einer Hausfrau: ohne großen Zorn und ohne große Liebe.«

Am Stadtrand hat sich der Fluß Varone seit 20 000 Jahren in die Kalkfelsen gefressen und stürzt heute mit einem 98 Meter hohen Fall durch zwei Grotten rauschend in die Tiefe. Thomas Mann war 1901 ganze 26 Jahre alt, als ihn dieses romantische Naturschauspiel erstmals erschaudern ließ, das erst seit 1874 zugänglich war, nachdem man Brücken und Stege dorthin gebaut hatte. Die blankgewaschenen Felsen, über die das Wasser rauscht, erschienen ihm wie riesige Fischleiber, er hörte im Getöse der Wassermassen bedrohliche und warnende männliche Stimmen. Offensichtlich erschien ihm alles wie eine Metapher des Lebens, das trotz aller Hindernisse und Schwierigkeiten seiner Bestimmung folgen muß. Im 1924 ver-

Abbildung auf Seite 16:
Riva del Garda

17

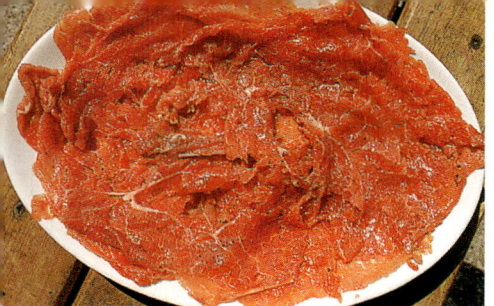

Carne salada
Pökelfleisch

2 kg Rinderkeule
200 g grobes Meersalz
1 EL Zucker
1/2 l Rotwein
1 Bund Thymian
1 Bund Majoran
10 Lorbeerblätter
5 Rosmarinzweige
(je nach Geschmack können noch folgende Gewürze verwendet werden: Wacholderbeeren, Zimtstangen, Muskatnuß, Pfefferkörner)

Das Fleisch von Fett, Sehnen und Haut befreien und in zwei Stücke schneiden. Mit etwas Salz und dem Zucker gründlich einreiben. Eine Lage Salz und Gewürze auf den Boden eines in der Größe passenden Behälters (z. B. ein Römertopf oder ein Plastikgefäß) geben und das Fleisch darauflegen. Mit dem restlichen Salz und den restlichen Kräutern und Gewürzen bedecken, den Wein darübergießen und mit einem Brett, das mit einem Gewicht beschwert ist, so bedecken, daß der Druck gleichmäßig auf den Fleischstücken lastet. An einem dunklen und kühlen Ort 30 Tage ruhen lassen. Anschließend das Fleisch gut trocknen und mit einem scharfen Messer in sehr dünne Scheiben schneiden. Diese auf einer Holzunterlage mit einem Fleischklopfer hauchdünn klopfen und servieren oder auf einer heißen Platte ohne Fett kurz garen.

Lago di Tenno

öffentlichen »Zauberberg« besucht Mynheer Pepperkorn, der den Instinkt über der Ratio und die Natur über der Kultur ansiedelte, kurz vor seinem Selbstmord eine Kaskade, die im Buch allerdings in der Schweiz angesiedelt ist, in ihrer Beschreibung aber stark an den Varone-Fall erinnert.

Heute, da die Bestimmung, der zuliebe alle Hindernisse und Schwierigkeiten aus dem Weg geräumt werden, die allgemeine Mobilität zu sein scheint, führt uns eine steile Straße durch den Fels hinauf zur Burg und zum alpin anmutenden Ort Tenno und weiter zum kleinen versteckten Lago di Tenno. Unterwegs kann man nach Piè di Castello abzweigen, denn wenn man dem Gewühl am Seeufer entgehen will, muß man die Flucht nach oben antreten. Da wir uns auf trientinischem Gebiet befinden, haben wir kulinarisch keinen Fisch aus wäßrigen Niederungen, sondern Fleisch aus saftig-grünen Gebirgstälern zu erwarten. Doch, daß man, um zu unserem Bestimmungsort zu finden, nicht nach einem bestimmten Lokal, sondern einfach nach *carne salada* fragen muß, das ist dann doch etwas überraschend.

Großmutter Benini

Wirt Giorgio Benini

Piè de Castello

Bei Giorgio Benini gibt es nur das: *carne, fagioli borlotti e dolce della nonna*, Fleisch, gekochte Bohnen und Großmutters Apfelkuchen, dessen Rezept sie aus Bregenz in Österreich mitgebracht hat, wo sie geboren wurde. Zuerst gibt es einen Antipasto-Teller mit *salame*, Salami, *carne affumicata*, Geräuchertem, *pancetta*, gekochtem Bauchspeck, *lingua salmistrata*, gepökelter Zunge, *cotechino*, einer in Scheiben geschnittenen, heißen halbfesten Schlackwurst aus Schweinefleisch, *polpettone a fette*, Hackbraten in Scheiben, und *carne salada cruda*, dem bekannten Pökelfleisch, zuerst einmal roh und in hauchdünne Scheiben geschnitten. Für die Hauptspeise werden die dünnen Scheiben einfach auf der Platte des mit Holz gefeuerten Herdes kurz gegart und mit Bohnengemüse serviert. Dazu verwendet Giorgio die kleinen, rötlich gefleckten Borlotti-Bohnen, die am besten aus Lamon in der Nähe von Belluno kommen sollten und weniger wie Bohnen, eher wie Eßkastanien schmecken. Danach gibt's Großmutters Apfelkuchen, immer. Alles ist natürlich hausgemacht, das Fleisch nur aus eigener oder lokaler Produktion. Alle Rezepte sind in Giorgios Küche streng gehütetes Familiengeheimnis. Wenn man genau hinhört, erfährt man aber doch viele Einzelheiten, den Rest muß man dann selbst ausprobieren.

So wie Giorgio oder zumindest so ähnlich haben schon die alten Langobarden ihre Vorräte zubereitet. Wenn sich, in Zeiten kriegerischer Unruhen, die Bauern in die Fluchtburgen zurückziehen mußten, nahmen sie natürlich ihren wertvollsten Besitz, das Vieh, mit. Da es aber nicht ausreichend Futter gab, mußten die Tiere bald geschlachtet werden. Um das Fleisch haltbar zu machen, war ein ausreichender Salzvorrat unerläßlich. Dieses war allerdings teuer und schwer erhältlich, in Salz konserviertes Fleisch also etwas Wertvolles und Besonderes. Deshalb hat man an diesen Rezepten auch

Fagioli borlotti
Borlotti-Bohnen

Für 4 Personen

200 g getrocknete Borlotti-
Bohnen (ersatzweise weiße
Bohnen)
6 EL Olivenöl extra vergine
2 Knoblauchzehen
200 ml Fleischbrühe
1/2 Bund Petersilie
Salz, Pfeffer

Die Bohnen in eine Schüssel geben und so viel Wasser dazugeben, daß sie etwa 10 Zentimeter hoch damit bedeckt sind. Über Nacht stehen lassen. Das Wasser abgießen und die Bohnen mit frischem Wasser waschen. In einen Kochtopf geben und wieder so viel Wasser dazu gießen, daß dieses 10 Zentimeter über die Bohnen reicht. Zugedeckt bei mittlerer Hitze aufkochen. Sobald das Wasser kocht, die Hitze reduzieren und etwa 1 Stunde köcheln lassen. Die Bohnen sollen weich, aber mit einem angenehmen Biß sein. Erst kurz vor Ende der Kochzeit salzen, damit die Schalen nicht platzen, vom Herd nehmen und im Kochwasser aufbewahren, bis sie weiterbearbeitet werden. Das kann auch ein oder zwei Tage später geschehen.
In einem Suppentopf die mit dem Handballen zerdrückten Knoblauchzehen in Olivenöl goldgelb anschwitzen, die abgetropften Bohnen dazugeben, etwas salzen und pfeffern und zugedeckt 5–6 Minuten bei kleiner Hitze ziehen lassen. Eine Schöpfkelle Bohnen im Mixer passieren und zurück in den Topf geben. Die Fleischbrühe angießen, rühren und nochmals 5–6 Minuten leicht köcheln. Die gehackte Petersilie einrühren, mit Salz und Pfeffer abschmecken.

Torta di mele
Apfelkuchen

6 Äpfel
Saft von 1/2 Zitrone
100 g Butter
3 Eier
300 g Zucker
1 Tüte Vanillezucker
150 g Mehl
1 Tüte Backpulver
100 ml Milch

Die Äpfel schälen, entkernen, in dünne Schnitze schneiden und mit Zitronensaft beträufeln. Die Butter im Wasserbad verflüssigen und mit den restlichen Zutaten zu einem glatten Teig verrühren. Die Apfelscheiben untermischen und alles in eine gebutterte und mit Mehl bestreute Reine geben. Im vorgeheizten Ofen bei 180 Grad etwa 50 Minuten backen.

dann festgehalten, als zu Zeiten der venezianischen Herrschaft über den südlichen Teil des Sees Salz aus den Salinen der venezianischen Lagune leichter und billiger zu bekommen war. Die älteste schriftliche Aufzeichnung über *carne salada* stammt ausgerechnet aus der Burg Tenno. Es ist ein Inventar aus dem Jahre 1515, aufgestellt für den Trientiner Bischof Bernhard Cles. Neben Möbeln und sonstiger Ausstattung werden auch die Küchenvorräte, darunter *carne salada de bove et de porco* aufgeführt, also neben dem traditionellen Rind auch Schweinefleisch.

Noch heute gehört es zu den sichtlich genossenen Sonntagsvergnügen ganzer bäuerlicher Familienverbände aus der näheren und weiteren Umgebung, sich den See aus sicherer Entfernung von hier oben zu betrachten und alsbald an den reichlich gedeckten Tischen der Trattoria Piè di Castello Platz zu nehmen. Das Fleisch wird mit einer solchen Lust verzehrt, daß einem berechtigte Zweifel ob der Zurückhaltung vieler Zeitgenossen gegenüber diesem wunderbaren Lebensmittel überkommen.

Tatsächlich vergißt man bei der Qualität des Angebots auch alle ökologischen oder diätetischen Bedenken. Und bald spricht man auch mit derselben Begeisterung wie die Gäste an den Nachbartischen dem kratzigen Rotwein aus ebenfalls hauseigener Produktion zu und merkt spätestens nach zwei, drei Gläsern, wie gut er zum Essen paßt. Und selbst der Apfelkuchen läßt sich damit noch anfeuchten und rutscht so wie von alleine den Hals hinunter.

21

Tre Camini

Die Ostküste des Gardasees ist schön, reich an Geschichte, überlaufen und durch den Tourismus kulinarisch weitgehend ruiniert. Man muß deshalb nicht gleich in die Luft gehen, eine Fahrt mit der Seilbahn von Malcesine aus auf mehr als 1700 Meter Höhe ins Monte-Baldo-Massiv tut es auch. Ein atemberaubender Panoramablick und ein botanischer Garten mit über 600 Pflanzenarten belohnen einen. Natürlich sollte man auch die Scaligerfeste Malcesine, die auf einem Kalkfelsen am Seeufer liegt, auf dem Weg nach Süden nicht rechts liegenlassen. Dieser Felsen war schon lange besiedelt, bevor die Langobarden um 570 hier eine erste Burg errichteten. Für das Jahr 807 ist ein Besuch des Frankenkönigs Pippin belegt, gegen Ende des 13. Jahrhunderts errichteten die Scaliger, die Herren von Verona, die heutige Feste. Heute befindet sich darin das interessante »Museo del Garda e del Baldo«, das über die Vergletscherung des Gardasees informiert. Außerdem werden alle Seefische und die Tier- und Pflanzenwelt vorgestellt, einschließlich des letzten Adlers am Gardasee, der 1957 geschossen wurde. Mit allerlei Gerätschaften und alten Ölmühlen wird zudem ein wichtiger Teil der landwirtschaftlichen Geschichte dokumentiert.

Am Hafen von Malcesine liegt der Palazzo dei Capitani del Lago, das ehemalige Amtsgebäude der Gardesana dell'Acqua, der venezianischen Seeverwaltung zwischen 1504 und 1702. Erbaut wurde er im 14. Jahrhundert ebenfalls von den Scaligern. Der prachtvolle Audienzsaal im ersten Stock wird heute häufig für kulturelle Veranstaltungen und Konzerte genutzt. Durch seine venezianischen Fenster hat man einen wunderbaren Blick über den See bis hinüber zur Isola dell'Olivo und nach Limone am anderen Ufer, dessen Name übrigens nicht von Limonen, sondern von *limes* für Grenze herrührt. Im Palazzo hatte auch jene Polizeibehörde ihren Sitz, bei welcher der beim Zeichnen im damaligen Grenzort ertappte Geheimrat Johann Wolfgang von Goethe vorgeführt wurde, den man der Spionage gegen die in den letzten Zügen liegende Republik Venedig verdächtigte.

Limone

Auch die Punta San Vigilio, eine der landschaftlich reizvollsten Stellen des Sees, verlockt zu einem Stopp. Viele, inzwischen allzu viele, fühlen sich beim Anblick der zypressenbestandenen Halbinsel an Arnold Böcklins »Toteninsel« erinnert. Inzwischen weidet unter den schönen alten Ölbäumen kein Vieh mehr, sondern parken Autos im grünen Gras, und die geschäftstüchtigen Besitzer des Areals verlangen Eintritt von den Badegäste. Im winzigen Hafen, in der Trattoria

Punta San Vigilio

23

Fettuccine verdi al radicchio rosso e al Marsala
Grüne Nudeln mit Radicchio und Marsala

Für 4 Personen

Für die Nudeln:

400 g Mehl
1 Ei
80 g Spinatblätter
Salz

Für die Sauce:

1 kleine weiße Zwiebel
50 g Butter
1 EL Olivenöl extra vergine
2 Radicchio di Treviso
2 cl Marsala
80 g Mascarpone

Mehl und Ei, eventuell etwas Wasser mischen. Den Spinat im Mixer zerkleinern, salzen und mit der Mehl-Ei-Mischung zu einem geschmeidigen Teig kneten, bis er sich von den Händen löst. Mit einem Tuch bedeckt, an einem kühlen Ort etwa 30 Minuten ruhen lassen, ausrollen und zu feinen Bandnudeln schneiden. Die Zwiebel kleinschneiden, in Butter und Öl goldgelb anbraten. Den in Stücke geschnittenen Radicchio dazugeben und weitere 5 Minuten anbraten. Den Marsala dazugeben und alle Flüssigkeit verdunsten lassen. Die Pfanne vom Herd nehmen und den Mascarpone unterrühren.
Die in Salzwasser al dente gekochten Nudeln abgießen und in der Pfanne wenden, auf Tellern servieren.

Grillhaus im schönen Innenhof

zur Linken oder im Restaurant rechts, trifft sich halb München, meist Mitglieder der nicht im Wohnwagen angereisten Minderheit. Es speist sich angenehm mit einmaligem Seeblick, und im kleinen Hotel, wo man sich an den Aufenthalt vieler Berühmtheiten so demonstrativ erinnert, wohnt es sich auch so. Die Limonaia, das alte Gewächshaus für Zitrusfrüchte, ist halb verfallen, denn Zitronen werden am Gardasee heute als Andenkenkitsch vermarktet, aber kaum noch angebaut. Eine Statue erinnert noch daran, daß die schöne Frucht der Liebesgöttin Venus heilig war. Heute drücken clevere Händler den ungeliebten Touristen statt Zitronen lieber riesige Zitronatfrüchte in die Hand, die machen mehr her und wiegen auch schwerer. Von vielen Touristen unbeachtet erinnern Skulpturen von San Marco, San Vigilio und die allegorische Figur des Lacus Benacus an die verlorene Einsamkeit, welcher der Erbauer dieser Gebäude den Ort geweiht hatte. Es war der humanistische Jurist Agostino di Brenzone, Freund, Gastgeber und Auftraggeber genialer Zeitgenossen wie Aretino, Tizian und Sansovino. Im Schatten seiner Zypressen schrieb er das Buch »Della vita solitaria«, heute würde er wohl über Massentourismus philosophieren.

Nicht weit ist es von Punta San Vigilio nach Garda, dem Ort, der dem See seinen heutigen Namen gab. Wahrscheinlich kommt der Name vom gotisch-germanischen *ward*, »Warte«, im Sinne von Ausguck, das zu »Garde« dann zu »Garden« wurde, wie der Burgfelsen in alten Sagen bezeichnet wurde. Von hier aus lohnt sich ein kleiner Abstecher ins hügelige und vom Seetourismus unberührte Hinterland. Im Tal hinter Costermano liegt versteckt und nur über eine Sandpiste zu erreichen ein schönes altes Gehöft, in dem seit Mitte der achtziger Jahre das Grillfeuer praktisch nicht mehr erloschen

Tagliata di controfiletto al rosmarino
Lendenfiletstreifen mit Rosmarin

Für 4 Personen

1 kg Lendenfiletsteak
   (Porterhouse-Steak)
200 ml Olivenöl extra vergine
4 Rosmarinzweige
Salz, Pfeffer

Das Öl in einen Teller geben, die Rosmarinzweige hineinlegen, salzen und pfeffern und mindestens 30 Minuten ruhen lassen. Das Steak unbehandelt auf die heißeste Stelle des Grills legen oder unter den Elektrogrill schieben und auf beiden Seiten kurz anbraten. Dann weiter von der Hitzequelle entfernen, mit dem Rosmarinöl einpinseln, nach einigen Minuten wenden, wieder einpinseln und nach einigen weiteren Minuten vom Feuer nehmen. In einen vorgewärmten Teller legen, mit einem anderen Teller zudecken und an einem warmen Ort bzw. im vorgeheizten Ofen bei 50 Grad warm stellen und etwas nachgaren. Vor dem Servieren nochmals mit dem Öl bestreichen, das Fleisch in breite Streifen schneiden und servieren.

ist. Unter dem suggestiven Namen »Tre Camini« betreibt Gianni Priante aus Verona zusammen mit Ehefrau Rossella ein ländliches Lokal, in dem das Thema Fleisch alles beherrscht und wo noch nie ein Seefisch zubereitet wurde. Der wichtigste Kamin, der über dem Grill, steht inmitten des schönen Innenhofes und liefert einen Großteil der Hauptspeisen. Er ist von allen Tischen unter dem großen alten Scheunendach und auch durch die Fenster der gemütlichen kleinen Innenräume gut einsehbar, und wehe, der Koch am Feuer läßt in seinen flinken Handbewegungen nach – sofort treffen ihn ungeduldig hungrige Blicke aus allen Richtungen.

Die gut bestückte Enoteca

Verdure crude in pinzimonio
Rohes Gemüse mit Mayonnaise

Für 4 Personen

4 Karotten
4 Stangen Staudensellerie
2 Gurken
1 kleiner Blumenkohl
16 Cocktailtomaten
1 Fenchel
2 Paprikaschoten

Für die Mayonnaise:

2 Eigelb
250–300 ml Olivenöl extra
    vergine vom Gardasee
    (ersatzweise Samenöl)
2 TL Senf
2 TL Zitronensaft
Salz, weißer Pfeffer

Alle Zutaten und die Schüssel sollten Zimmertemperatur haben, gegebenenfalls mit etwas warmem Wasser angewärmt werden.

Für die Mayonnaise das Eigelb, den Senf, ein paar Tropfen Wasser, das Salz und den Pfeffer in eine Schüssel geben und mit einem Schneebesen gut verrühren. Einige Minuten warten, dann einige Tropfen Öl mit dem Schneebesen kräftig unterschlagen. Diese Prozedur, jeweils einige Tropfen Öl mit dem Schneebesen gut einzuarbeiten, einige Male wiederholen. Wenn die Masse ziemlich dick ist, die Hälfte des Zitronensaftes unterrühren. Dann unter ständigem Weiterrühren das Öl kontinuierlich in einem dünnen Strahl und immer wieder etwas Zitronensaft dazugeben, bis die Mayonnaise die

Auf der Speisekarte finden sich so deftige Gerichte wie ein *carpaccio di carne salmistrata al tartufo e erba cipollina*, Carpaccio von gepökeltem Fleisch mit Trüffeln vom Monte Baldo und Schnittlauch, *prosciutto di agnello affumicato*, geräucherter Lammschinken, *carne secca di manzo sfilacciata alle erbe*, luftgetrocknetes Rindfleisch mit Kräutern, *carrè di maiale affumicato con salsa di rafano*, geräucherte Schweinerippchen mit Meerrettich, dann eine *tagliata di filetto al tartufo*, gegrilltes Filetsteak, in Streifen geschnitten und Trüffel darübergehobelt, oder *bracioline di cervo con salsa al ribes*, Hirschrücken mit Johannisbeersauce, *costolette di agnello fresco scalzato*, Lammkoteletts, ausgelöst, oder *tagliata di controfiletto al rosmarino*, Lendenfiletstreifen mit Rosmarin.

Die Fleischportionen erscheinen riesig, sie sollen aber so sein, weil z. B. eine *tagliata* nur aus einem großen Lendenstück richtig zubereitet werden kann. Man fährt also wesentlich besser, wenn mehrere Personen zusammen das Gericht bestellen. Auch ist wichtig zu wissen, daß nicht jedes Fleisch zum Grillen oder Braten taugt. Das Steak besitzt wenig Kollagenfasern und ist deshalb gut geeignet, es bleibt zart, solange es saftig bleibt. Deshalb wird das Fleisch völlig unbehandelt, also auch ungesalzen, auf den Grill gelegt, denn Salz würde ihm den Saft entziehen. Über einer Stelle mit lebhafter Glut wird es scharf angebraten und dann über warmer Asche noch einige Minuten gegart und dabei beidseitig mit Olivenöl bestrichen, das mit Rosmarinzweigen aromatisiert wurde. Wenn man das Fleisch jetzt an einem warmen Platz hinten am Grill auf einen vorgewärmten Teller legt und mit einem weiteren Teller zudeckt, kann es noch nachgaren, ohne auszutrocknen und kalt zu werden.

Alle Fleischgerichte werden mit *verdure crude in pinzimonio* serviert, dem knackigen rohen Gemüse aus dem eigenen Garten vor dem Haus, das klassischerweise mit einer Tunke aus Olivenöl, Salz und Pfeffer gereicht wird oder im »Tre Camini« wahlweise mit grobem Meersalz und einer hausgemachten Mayonnaise. Eine solche ist, richtig zubereitet, eine derartige Köstlichkeit, daß böse Zungen sogar behaupten, sie ersetze den Franzosen die Staatsreligion. Hier am Gardasee ist das mit der Staatsreligion längst geklärt, sie lautet Tourismus, deshalb kann man die Mayonnaise in aller Ruhe aus dem köstlichen milden Öl von der nahen Riva degli Ulivi zubereiten und anstatt des von den Franzosen bevorzugten Essigs den Saft der letzten zwei echten Gardaseezitronen verwenden. Bei letzteren ist das

nicht zu wörtlich zu nehmen, beim Öl sollte man allerdings auf Gardaseeöl bestehen oder es höchstens durch ein geschmacksneutrales Samenöl ersetzen. Ein anderes, z. B. ein toskanisches Öl kommt nicht in Betracht, es schmeckt zu stark und kann die Mayonnaise sogar bitter machen.

Jetzt bleibt nur noch die Qual der Wahl und die Frage, ob man zwischen die Vorspeise und den Hauptgang noch einige *ravioli di verdura al pomodoro fresco,* also mit Gemüsefüllung und frischen Tomaten, *gnocchetti alle erbe profumati al tartufo*, fein gewürzte und getrüffelte Gnocchi, *chitarrini con rucola e pinoli,* flache Spaghetti mit Rucola und Pinienkernen, oder *fettuccine verdi al radicchio rosso e marsala*, die grünen Nudeln mit Radicchio und Marsala, einschieben soll. Dazu trinken die Stammgäste eine Hausabfüllung aus Marano, einen Bardolino oder einen Valpolicella Classico, beide von ansprechender Qualität. Da zu einem kräftigen Mahl aber auch kräftigere Weine passen, kann man im ehemaligen Stall aus einem Sortiment interessanter Weine aus allen Regionen Italiens aussuchen. Es schadet auch nicht, dabei gleich ein Auge auf die zahlreichen Grappe und Kräuterliköre zu werfen, die anschließend bei der Verdauung hilfreich sein können.

gewünschte Konsistenz hat. Die Mayonnaise in kleine Schüsseln geben und mit dem rohen, in Streifen geschnittenen Gemüse auf den Tisch bringen.

27

Alla Grotta

Bardolino ist der berühmteste Weinort am See, dem die germanische Prinzessin Pardoli den Namen gegeben haben soll. Der leichte Wein gleichen Namens hat einen charakteristischen zartbitteren Geschmack und wird als Rosé oder Rotwein ausgebaut. Auf einem Hügel oberhalb des Ortes in der Via Costabella kann man in der Cantina Fratelli Zeni einige der ansprechendsten lokalen Weine verkosten und kaufen. Ihr Bardolino Classico Superiore wird aus Corvina-, Rondinella- und Molinaratrauben gekeltert, hat einen angenehm fruchtigen Geschmack, der an Kirsche erinnert, und läßt sich, leicht gekühlt, auch zu Fischgerichten sehr angenehm trinken. Wer sich aber bei Fisch noch immer nicht an Rotwein herantraut, der kann es auch mit dem Bardolino Chiaretto Classico, einem duftigen Rosé aus der gleichen Kellerei, versuchen.

Blick aus einem Gästezimmer

Um diese Empfehlungen auszuprobieren, lohnt sich ein kleiner Ausflug nach Lazise. Diese hübsche kleine Hafenstadt mit dem sechstürmigen Scaligerkastell aus dem 13. Jahrhundert und der mittelalterlichen Stadtmauer mit ihren drei Toren hat sich aus dem römischen Lasitium entwickelt. Auch die kleine Kirche San Niccolò stammt aus Veroneser Zeit. Vor ihr steht die Dogana Vecchia, ein venezianisches Gebäude, das wohl nicht nur Zollstation, sondern auch Schiffswerft gewesen sein dürfte, wie ein Vergleich mit ähnlichen Bauten im großen Arsenal in Venedig zeigt. Unter venezianischer Herrschaft war dieser malerische Ort der bedeutendste Handelsplatz und die erste freie Kommune am ganzen See.

An der Nordseite des Hafenbeckens findet man unter schattigen Arkaden die nötige Distanz, um die historischen und neuzeitlichen Barbareneinfälle gelassen zu betrachten, um Vandalen und Sandalen, Söckchen, kurze Hosen und Schwitzehemdchen zu übersehen oder die Pappmachéscheußlichkeiten vom nahen »Gardaland« aus der Erinnerung zu streichen und sich den Wohltaten einer guten Küche hinzugeben. Nicht nur der südländisch wirkende Hafen läßt die Illusion aufkommen, schon am Mittelmeer zu sein, auch von der Küche des »Alla Grotta« geht die gleiche Wirkung aus. Drinnen befindet sich in der Mitte des Gastraumes die typisch venezianische Feuerstelle, das *focolar*. Am Grill steht Gianmarino Bongiovanni, ein schöner Mann mit noch schönerem Schnauzbart, und wendet in aller Gelassenheit die Fische über der Glut – über den Rücken natürlich, wie das jeder tut, der etwas vom Fische-Grillen versteht. So wird verhindert, daß die wichtige Feuchtigkeit aus der Bauchöff-

Am focolar steht Gianmarino Bongiovanni

Gamberetti con la rucola al pompelmo
Garnelen mit Rucola und Pampelmuse

Für 4 Personen

200 g Garnelen
150 g Rucola
100 g rosarote Pampelmuse
100 g Palmherz
6 EL Olivenöl extra vergine
1 EL Balsamessig
1/2 TL Dillspitzen
Salz, Pfeffer

In einer Pfanne die geschälten Garnelen in 2 Eßlöffel Olivenöl kurz garen und salzen. Die Pampelmuse in kleine Würfel und Palmherz in dünne Streifen schneiden. Mit den Garnelen vermischen und mit dem restlichen Öl, Balsamessig, Dillspitzen, Salz und Pfeffer anmachen. Auf einem Bett aus Rucolasalat servieren.

nung heraustropft und den Raum mit unangenehmen Gerüchen füllt, während das empfindliche Fleisch trocken wird. Weich und feucht müssen auch die *risotti* sein, *all'onda*, wie die Venezianer sagen. Deshalb sollte man eine Spezialität aus Lazise, die inzwischen am ganzen See gekocht wird, gleich hier probieren – *risotto di tinca*, mit dem zarten Fleisch der Schleie also, die eine Verwandte des Karpfens, aber wesentlich weniger fett ist.

Besonders erfreulich an der Küche von La Grotta ist die Kreativität von Küchenchef Omero Rossignoli. 13 Jahre lang war er Besitzer des Ristorante Il Venezian in Verona. Einer seiner besten Kunden, Marco Baratto, hat ihn dann von seinem eigenen Herd weggelockt. Marco hatte das 1951 von seinem Großvater Angelo im alten Zollhaus eröffnete La Grotta geerbt und wollte nun im eigenen Restaurant all die feinen Dinge essen, die er in seinem Lieblingslokal in Verona so gerne bestellte. Was lag da näher als eine klassische Abwerbung. Heute sind beide zufrieden, der eine kann sich voll auf seine Töpfe und ausgefallenen Gerichte konzentrieren, der andere braucht für geliebte kulinarische Genüsse nicht mehr aus dem Haus zu gehen.

Die *tagliolini al granchio e porcini*, Nudeln mit Taschenkrebs und Steinpilzen, sind nicht nur Marcos Lieblingsspeise, sondern finden, wenn sie auf der Karte auftauchen, auch unter den vielen Stammgästen reißenden Absatz. Da es davon so überreichlich gibt, von den 80 Prozent Stammgästen ist natürlich die Rede, gibt es ein täglich wechselndes Menü. Unter den immer wiederkehrenden Gästen sind viele Deutsche mit eigenem Haus am See, aber auch Österreicher wie Klaus Maria Brandauer überschreiten schon mal die alten Grenzen und wagen sich, auch kulinarisch, auf venezianisches Terrain. Die des Italienischen weniger mächtigen Besucher freuen sich natürlich mächtig darüber, daß Marco so ausgezeichnet deutsch

Gamberoni con le pesche
Riesengarnelen mit Pfirsichen

Für 4 Personen

16 Riesengarnelen
1 gelbe oder rote Paprikaschote
4 reife gelbe Pfirsiche (alternativ 2 Mangos)
40 g Butter
1 EL Sahne
2 EL Fischfond aus dem Glas
4 EL Olivenöl extra vergine
1 cl Madeira
1 Knoblauchzehe
1 Rosmarinzweig
1 frischer Thymianzweig
1 frischer Majoranzweig
Salz, Pfeffer aus der Mühle

Butter und Öl in einer Pfanne
erhitzen, die zerdrückte Knoblauchzehe, Rosmarin, Thymian
und Majoran dazugeben. Die
Paprikaschote in sehr dünne
Streifen schneiden, dazugeben
und leicht andünsten. Die
Garnelen dazugeben, Madeira
und Fischfond angießen. Salzen und pfeffern und köcheln,
bis die Garnelen gar sind. Die
Gewürzzweige und Knob-
lauchzehe entfernen. Die
Sauce mit der Sahne etwas
andicken und alles mit den in
Scheiben geschnittenen Pfirsichen servieren.

spricht, und erfahren auf die obligate Nachfrage, daß seine Mutter
Deutsche war und er selbst in der Nähe von Köln das Licht der Welt
erblickt hat. Kein Wunder, daß er sich im schönen Lazise so sichtlich
wohl fühlt. Es gibt immer wieder Gäste, die nach wunderbaren
spaghetti con la granseola, mit Meeresspinne, einem Hauptgang mit
gamberoni con le pesche, einem köstlich zwischen roh und gekocht
ausbalancierten Gericht aus frischen Schalentieren mit Pfirsichen
und Paprikaschoten, begleitet vom hauseigenen guten Frizzante
oder einer Flasche aus Marcos reich bestücktem Keller und abge-
rundet mit einem frischen Fruchtsorbet, nicht mehr nach Hause
gehen wollen. Sie finden erfreulicherweise direkt über dem Lokal
einige sehr ansprechende Hotelzimmer, wenn sie klug genug waren
und vorbestellt haben.

Signori

Sirmione liegt auf einer Halbinsel, die genau betrachtet eine Insel ist. Mit dem Festland ist der Ort durch eine Brücke verbunden, abgesichert durch ein Tor, breit genug für einen Karren, heute darf es nicht mehr als ein mittelgroßes Auto sein. Mit einem solchen kann man freilich nur passieren, wenn man eine selten erteilte Sondergenehmigung hat. Und dann ist es eine Geduldsprobe, im Schrittempo durch die Besuchermassen zu fahren, denn in einem so auf den Menschen zugeschnittenen Ganzen erwacht das alte Selbstbewußtsein der Fußgänger, zumal wenn sie so deutlich in der Überzahl sind. Aber auch zu Fuß ist nur ein langsames Fortkommen möglich. Das bringt es mit sich, daß man die Geschäfte von Sirmione, die exklusivsten am Gardasee, ausführlich betrachten kann, was den Geschäftsinhabern zugute kommt.

Als Kontrast dazu kann man sich hinter die sicheren Mauern der nicht so überlaufenen Rocca, jener Scaligerfestung, die den Ortseingang beherrscht, zurückziehen. Auch hierbei handelt es sich nicht um eine Wohnburg, ebensowenig wie bei der ganzen Reihe von mittelalterlichen Verteidigungsanlagen, die bei Malcesine beginnen, über Garda, Lazise und Peschiera bis nach Sirmione und,

Der römische Dichter Catull

33

Fiori di zucchina farciti con ricotta caprina e gamberi

Zucchiniblüten mit Ziegenricotta- und Garnelenfüllung

Für 4 Personen

200 g Garnelenschwänze
4 ganze Garnelen
2 EL Olivenöl extra vergine
400 g Ziegenricotta (alternativ Ziegenfrischkäse)
8 Basilikumblätter
Salz, Pfeffer
12 Zucchiniblüten
2 Tomaten, geschält und passiert

Die Garnelenschwänze schälen und mit den ganzen Garnelen in einer Pfanne mit Öl garen. Die Schwänze kleinschneiden und mit dem Ricotta und dem zerkleinerten Basilikum mischen. Salzen und pfeffern. Diese Farce mit Hilfe einer Spritztüte in die Zucchiniblüten füllen. Zugedeckt 5 Minuten lang in einem Dämpftopf dämpfen. Auf die Teller verteilen und mit den passierten Tomaten und jeweils 1 Garnele servieren.

den Mincio hinunter, bis Villafranca zu finden sind. Die geniale Hinzufügung des ummauerten Arsenals, in dem Schiffe gebaut und repariert werden konnten, ist eine Ergänzung der Venezianer, die Sirmione ab 1405 beherrschten. Die Überbauungen weisen ein Gemisch aus sogenannten »ghibellinischen« Schwalbenschwanzzinnen und rechteckigen »guelfischen« auf, dessen man bei einem Rundgang auf den Mauern gewahr wird. Diesen sollte man nutzen, um den wunderschönen Ausblick auf den See, die Berge und die schönen Dächer der Stadt zu genießen, vor allem aber, um sich die Lage der ruhigen, gepflegten Parkanlagen einzuprägen, in die man immer wieder flüchten kann, wenn einem die Massen zuviel werden und man von der Hitze ermattet ist.

Gajus Valerius Catullus, kurz Catull, 87 v. Chr. in Verona geborener und in der Hauptstadt zu Ruhm gekommener Dichter, besaß in Sirmione ein Sommerhaus. Er scheint vor mehr als 2000 Jahren gerne hierhergekommen zu sein, denn er begrüßt das Städtchen auch in seinem Werk fröhlich mit »Salve, o venusta Sirmio«, »Ich grüße dich, schönes Sirmione« und fährt fort: »Freue dich, daß dein Herr zurückgekehrt ist; freut auch ihr euch, ihr sanften Wellen meines Sees, und erfüllt mein Haus mit eurem Lachen.« Catull zählte auch zu den ersten Liebhabern des Lugana-Weines, der schon damals südlich von Sirmione angebaut wurde und den er ebenso freudig besingt. Heute fällt es einem schwer, bei Gewächsen wie einer Lugana Vigneto Massoni aus dem Hause Zenato, einer Lugana il Brolettino von Ca' dei Frati oder einer Lugana vom Weingut Costaripa nicht selbst zum Weinpoeten zu werden. Denn während einen die gewöhnlichen Lugana-Weine fast vergessen lassen, daß man einen solchen trinkt, haben wir es in diesen drei Fällen mit den charaktervollsten Persönlichkeiten dieser Weinfamilie aus Trebbiano-Trauben zu tun. Diese Weine lassen sich, selbst mit den schmückendsten Worten, kaum beschreiben. Deshalb ist es am

Ravioli di porcini con formaggio robiola
Ravioli mit Steinpilzen und Robiola

Für 4 Personen

Für den Ravioliteig:

300 g Hartweizenmehl
2 Eier
1 Eigelb
Salz

Für die Füllung:

500 g frische Steinpilze
4 EL Olivenöl extra vergine
300 g Robiola
Salz, Pfeffer

besten, man lernt sie in der persönlichen Begegnung kennen, um Catulls Loblied zu verstehen.

Der Besucher von heute begegnet dem jungen römischen Poeten erstmals auf der Piazza Carducci, die zwar nach dem toskanischen Lyriker und Nobelpreisträger Giosuè Carducci benannt ist, den aber Catull, in Bronze, ziert. Carducci hat den Ort mit den bewegenden Worten beschrieben: »Hier ist das grüne Sirmione. Es lächelt im blauen See wie eine Blume.« Da das nicht einmal im italienischen Original wesentlich besser klingt, sucht man sofort wieder nach Catull. Und freundlicherweise führen alle Wege in Sirmione zu Römischem. Per pedes oder mit einer elektrischen Bahn auf Gummirädern erreicht man am Ende der Halbinsel die »Grotte di Catullo«. Allerdings handelt es sich dabei weder um Grotten noch

Die Zutaten für die Ravioli mischen und so lange kneten, bis der Teig geschmeidig ist und sich von den Händen löst. Eine Kugel formen und, mit einem Tuch abgedeckt, 30 Minuten ruhen lassen. Auf einer bemehlten Unterlage den Teig dünn ausrollen. Mit einem Glas von 7–8 Zentimeter Durchmesser runde Teigformen ausstanzen. 300 Gramm Steinpilze mit Olivenöl in einer Pfanne kurz anbraten. Die restlichen Pilze im Mixer kleinhacken. 200 Gramm Robiola mit zwei Drittel der kurzgebratenen und mit den gehackten Steinpilzen vermischen, salzen und pfeffern. Auf die Hälfte der ausgestanzten Kreise je 1 Teelöffel der Farce geben. Mit den restlichen Kreisen bedecken und die Ränder gut zusammendrücken. In einem Topf mit reichlich Salzwasser die Ravioli so lange kochen, bis die Ränder al dente sind (etwa 3 Minuten) und abgießen. In einer großen Pfanne die restliche Robiola bei kleiner Hitze schmelzen, die Ravioli dazugeben und vorsichtig wenden. Auf die vorgewärmten Teller verteilen und mit den restlichen Steinpilzen garnieren.

Grotte di Catullo

Petto d'anatra al miele e spezie
Entenbrust mit Honig und Gewürzen

Für 4 Personen

4 Entenbrüste à 120 g
4 EL Olivenöl extra vergine
100 ml Rotwein
100 g Honig
1 TL Butter
1 g Muskatnuß
10 g frischer Ingwer
3 g Zimt
3 Gewürznelken
5 Wacholderbeeren
Salz, Pfeffer

In einer Pfanne die Entenbrüste in Olivenöl anbraten. Mit Rotwein übergießen, alle Gewürze fein gehackt hinzufügen und kurz bis zum gewünschten Punkt garen. Die Entenbrüste herausnehmen und in Scheiben schneiden. In der Sauce den Honig auflösen, mit Butter binden, auf die Teller verteilen und jeweils 1 Entenbrust dazulegen. Mit Reis servieren.

Küchenchef Ivo Bortolin

um die Villa Catulls, wie vielfach vermutet, eher wohl um die Reste einer Thermenanlage, die aus einer im See entspringenden Quelle gespeist wurde, wie alte Bleirohre vermuten lassen. Auch heute noch sprudelt in 19 Meter Tiefe das 69,9 Grad heiße, jod-, schwefel- und bromhaltige Wasser aus dem Untergrund und erfreut die Badenden im See und die etwa 50 000 Kurgäste, die jährlich in den Thermalhotels oder den öffentlichen Thermalanlagen Sirmiones Linderung ihrer Leiden suchen.

Wer jetzt die ganze Zeit in verzeihlicher Verwechslung bei der Erwähnung des Namens Catull immer nur an Lukull gedacht hat und folgerichtig an einem Anfall von Appetit auf kulinarische Besonderheiten leiden sollte, dem sei einer der schönsten Logenplätze am See zugewiesen. Ein herrlich trockener Spumante und ein *stuzzichino* amüsieren den Gaumen, der Ausblick auf den See voller niedlicher Enten die Augen, der Blick in die Karte stimuliert die Vorfreude und das minimalistische, moderne Ambiente des Lokals erlauben höchste Konzentration. Es sei denn, man sitzt zufällig an dem Tag Anfang September hier, wenn auf dem See die Centomiglia, die bedeutendste Binnenseeregatta der Welt, ausgetragen wird. In Bogliaco starten dann die schönen Schiffe, die oft eigens für diese Wettfahrt gebaut sind, und schweben elegant zwischen dem Wendeplatz Corno di Reamol im Norden und der Zielboje vor Desenzano vor unseren Augen über das Wasser. Wer könnte sich bei einem solchen Anblick voll auf das Essen konzentrieren?

Sollte man aber, denn das *menù del lago* könnte etwa folgendermaßen zusammengestellt sein:

> *Composizione di pesci affumicati*
> *Tagliatelle ai gamberi di fiume*
> *Salmerino alla maggiorana fresca*
> *Crostatina alla fragola in salsa di limone*

Wer möchte bei einer so gelungenen Komposition aus geräucherten Fischen zur Vorspeise, frischen Nudeln mit Flußkrebsen, Saibling mit frischem Majoran und einer Erdbeernachspeise mit Zitronensauce nicht voll bei der Sache sein? Da man sich hier so gut auf Fisch versteht, sind auch die Meeresfischgerichte mehr als gelungen. Das Lieblingsgericht von Küchenchef Ivo Bortolin ist eine *insalata tiepida di crostacei*, eine lauwarme Vorspeise aus verschiedenen frischen Schalentieren, während sich die Dame des Hauses am meisten für *fiori di zucchina farciti con ricotta caprina e gamberi*, Zucchiniblüten, gefüllt mit Ziegenfrischkäse und Gamberetti, oder ihre *ravioli di porcini con formaggio robiola*, Steinpilzravioli mit Robiola-Käse, begeistern kann.

Rossella Signori, die Besitzerin des Restaurants, ist die mutige und eigenwillige Schöpferin dieses Ortes ästhetischen und lukullischen

Auf der Piazza in Sirmione

Strudel di pesche e prugne con salsa yogurt
Pfirsich- und Pflaumenstrudel mit Joghurtsauce

Für 4 Personen

Für den Teig:

300 g Mehl
2 Eier
70 g Butter

Für die Füllung:

500 g Pfirsiche
400 g Pflaumen
200 g Zucker
2 Vanilleschoten
Schale von 1/2 Zitrone
Grand Marnier
50 g geröstete Pistazien
1 Eigelb
1 TL Rohrzucker

Für die Sauce:

150 g Joghurt
2 EL Milch
2 EL Sahne
1 TL Puderzucker

Die Zutaten für den Teig gut vermengen und 30 Minuten ruhen lassen.
Pfirsiche und Pflaumen schälen und in große Schnitze schneiden, mit Zucker, Vanilleschoten, Zitronenschale und Grand Marnier in eine feuerfeste Form geben und im vorgeheizten Ofen bei 200 Grad etwa 10 Minuten garen. 20 Minuten ruhen lassen.
Den Teig ausrollen, die Füllung darauf verteilen, Pistazien hinzufügen und aufrollen. Die Teigrolle an den Seiten verschließen und die obere Seite mit einer Mischung aus Eigelb und Rohrzucker bestreichen. Im vorgeheizten Ofen bei 250 Grad 10 Minuten backen.
Die Zutaten für die Sauce verrühren. Den Strudel in Scheiben schneiden und lauwarm mit der Joghurtsauce servieren.

Wohlbefindens. Seit vier Generationen lebt ihre Familie von und mit dem Fremdenverkehr. Ihre Großeltern ließen das nach wie vor renommierte Fünf-Sterne-Hotel »Villa Cortine Palace« erbauen. Noch heute betreibt Rossella zusammen mit Mutter und Bruder ein Hotel, das »Flaminia«, direkt neben dem Restaurant. Ihre Leidenschaft allerdings gehörte von Anfang an der Küche, die sie nie isoliert, sondern immer als ein Gesamtkunstwerk sah – die Gerichte auf den Tellern, das Geschirr und Gedeck, die Möbel und die Dekoration bis hin zur eigenen Garderobe, alles sollte wie aus einem Wurf sein. 1991 war es soweit. In bewußtem Kontrast zum Gewimmel in den Straßen und Gassen wurde dem Gast im »Signori« viel

Rossella Signori

Platz zugestanden, optische und akustische Ruhe gegen das Ver-
wirrspiel vor der Tür gesetzt. Das war schwer durchzusetzen, und
oft drängte sich auch Rossella der Gedanke auf, doch einfach in den
vorhandenen Räumlichkeiten eine Pizzeria mit dem üblichen Tand
und Plunder und unendlich vielen Tischen einzurichten, im Sommer so richtig abzusahnen und sich im Winter in der Karibik die
Sonne auf den Bauch scheinen zu lassen. Aber was wäre das gegen
die Befriedigung, sich auch unter den gegebenen Umständen mit
Qualität eine treue Kundschaft erobert zu haben. Diese kommt
auch im Winter aus Verona, Brescia oder gar aus Mailand, Venedig
oder München eigens angereist. Für eine wahre Tochter des Gast-
gewerbes kann es gar nichts Schöneres geben.

Da Oscar

Lonato gehört zu den Dörfern über dem Gardasee, im etwas vergessenen Hinterland, in welchen die Landwirtschaft noch eine größere Rolle spielt als der Tourismus. Obst- und Gemüseanbau haben seit Jahrhunderten Tradition, die Gärtner vom Gardasee waren seit jeher weithin bekannte und gesuchte Ratgeber. Aber auch Wein und Olivenöl gehören zu den wirtschaftlichen Säulen der sieben Gemeinden, die das Gebiet der Valtenesi bilden, eine natürliche Terrasse über dem See. Und wer weiß, vielleicht ändert sich das geflügelte Wort vom »Handwerk mit dem goldenen Boden« bald in »Landwirtschaft mit goldenem Boden«. Wenn nämlich die Liebe zu Trüffeln noch weiter um sich greift, dann haben die Valtenesini bald die Chance, sich eine goldene Nase zu verdienen. Der in den Hügeln über dem Gardasee zu findende Tuber Uncinatum ist ein sehr guter dunkler Speisetrüffel, der im Herbst reift und sowohl intensiv riecht als auch schmeckt. Erfreulicherweise machen die Gastronomen zunehmend von ihm Gebrauch.

Im Küchengarten

Zu ihnen gehört auch Oscar, der es zusammen mit seiner Frau Valeria verstanden hat, aus der alten kleinen Osteria seiner Eltern ein respektables Restaurant zu machen, in dem man nicht nur mit großer Freude ißt, sondern auch den unvergleichlichen Ausblick hinüber auf den See genießt. Wo vor 40 Jahren die Männer der Gegend am Wochenende Boccia gespielt haben, befindet sich heute die vielleicht schönste Restaurantterrasse über dem See, deren gelungene Ästhetik sich auch auf den servierten Tellern fortsetzt. Oscar hat nach der Hotelfachschule auch Erfahrungen im Ausland, vor allem in Frankreich, gesammelt, »nicht um zu kopieren, sondern um zu lernen, was die anderen anders machen«. Ein guter Ansatz, um die heimischen Traditionen zu verstehen, sich ihnen aber nicht völlig auszuliefern.

Oscar war früher ein Diät-Freak, der alles ausprobiert hat, was angeblich schlank hält. Da das aber immer auf Kosten seiner Leidenschaft für gutes Essen ging, hat er sich auf die Seite der Jünger der, zumal in Italien, oft mißverstandenen Nouvelle Cuisine geschlagen. Ihre Devise war, nicht das Essen und Genießen aufzugeben, sondern die Zubereitung zu ändern. Fett wurde für Oscar nicht zu einer Zwangsvorstellung. Er verwendet ganz entspannt Butter, wo es ihm richtig erscheint, vor allem bei Trüffelgerichten plädiert er für sie, da Olivenöl den Geschmack des Edelpilzes zu stark verändert. Eines seiner Paradegerichte wurde der Aal, Inbegriff einer fet-

Ehefrau Valeria Brunelli

Abbildung auf Seite 40:
Besitzer Oscar Bertini

41

Bigoli al torchio alla carbonara di lago
Dicke Spaghetti mit Fischcarbonara

Für 4 Personen

Für die Spaghetti:

300 g Mehl
2 Eier
10 ml Olivenöl extra vergine

Für die Sauce:

100 g geräucherte Forelle
200 g geräucherter Blaufelchen
50 g Lauch
50 g geriebener Parmesan
2 Eier
40 ml Olivenöl extra vergine
Salz, Pfeffer

Die Zutaten für die Nudeln gut kneten. Der Teig muß fest sein. Portionsweise durch den Fleischwolf drehen und etwa 15 Zentimeter lange, dicke Spaghetti formen. Auf eine mit Mehl bestäubte Platte legen. Die Fische in Stücke schneiden und in einer großen Pfanne mit dem Öl und dem in Streifen geschnittenen Lauch schmoren.
Die Spaghetti in Salzwasser al dente kochen, abgießen und in der Pfanne wenden. Eier, Parmesan und Pfeffer dazugeben, nochmal wenden und servieren.

ten, schwer verdaulichen Speise aus der lokalen Tradition. Durch den Bau von Wassersperren ist er im Gardasee zwar seltener geworden, aber zum Glück immer noch zu finden. Indem Oscar ihn völlig häutet, also sowohl die dicke Außenhaut als auch die graue Innenhaut abzieht, und nur 500–700 Gramm schwere Exemplare verwendet, ist die Schlacht schon halb gewonnen. Denn erst jenseits der Ein-Kilogramm-Grenze wird das Fleisch der Aale richtig fett, wohingegen sich das Fett bei den Leichtgewichten vornehmlich unter der Haut sammelt. Weiteres Fett kann man ihm beim richtigen Grillen entziehen, das ganz langsam vor sich gehen muß, etwa 30 Minuten Garzeit, damit das Fett gut abtropfen kann. Noch bessere Resultate werden erzielt, wenn man das Grillgut mit einem Gewicht beschwert. Oder man verwendet eine Marinade mit Essig, der schön mit dem Fett kontrastiert. Durch einfaches Würzen mit Salz, Pfeffer und Rosmarin wird dann aus dem gefürchteten Fettbrocken eine butterweiche Köstlichkeit, die auf der Zunge zergeht.

Fast in entgegengesetzter Richtung muß man bei der Zubereitung anderer Seefische denken. Ihnen muß nichts entzogen werden, sondern das Wichtigste ist der Erhalt ihres delikaten Geschmacks. Arten wie der *coregone*, Blaufelchen, oder der *pesce persico*, Flußbarsch, haben ein wunderbares Fleisch, das grobes Kochen aber sofort ruiniert. Ein Blaufelchen, mit dünnen Tomaten- und Auberginenscheiben belegt und einer feinen Panade aus Semmelbröseln, gehacktem Basilikum, Oregano und ein wenig Knoblauch, Salz, Pfeffer und Petersilie bedeckt, mit etwas Öl und Wein angefeuchtet und im Ofen überbacken, ergibt ein Fischgericht mit einem frischen mediterranen Charakter, der den Eigengeschmack des Fisches unterstreicht. Dazu tun Gemüse und Kräuter, frisch aus dem eigenen Garten geerntet, ein übriges.

Auch die Mannschaft hat Hunger

Gefüllter Aal

Anguilla farcita in agro con salsa al limone
Gefüllter Aal mit Zitronensauce

Für 4 Personen

1 mittelgroßer Aal
  (500–700 g)
300 g Lachsforellenfilet
50 g Zucchini
50 g Karotten
1 Ei
20 g Sahne
Salz, Pfeffer

*Für die Brühe
(Courtbouillon):*

1/2 l Weißweinessig
1/2 l trockener Weißwein
1 l Wasser
1 Karotte
1 Zwiebel
1 Stange Staudensellerie
2 Lorbeerblätter

Für die Garnitur:

1 Kopfsalat
4 EL Olivenöl extra vergine
Saft von 1/2 Zitrone

Den Aal ausnehmen und häuten. (Da die Galle, der sogenannte Aalpfropfen, schwer zu entfernen und das Blut leicht giftig ist, besser vom Fischhändler machen lassen.) Das Lachsforellenfilet fein zerkleinern und die in kleine Würfel geschnittenen Zucchini und Karotten, das Ei und die Sahne dazugeben und mischen. Salzen und pfeffern. Mit dieser Farce den Aal füllen, in ein Baumwolltuch einwickeln und mit einer Schnur fest zubinden. Die Zutaten für die Brühe in reichlich Wasser geben und aufkochen. Den eingewickelten Aal in die kochende Brühe legen und 20 Minuten kochen. Herausnehmen, kalt werden lassen, auswickeln, in Scheiben schneiden und auf dem mit Öl und Zitrone angemachten Salat servieren.

43

Scaloppine di vitello con porri fritti e patate al tartufo
Kalbsschnitzel mit fritiertem Lauch und Kartoffeln mit Trüffel

Für 4 Personen

400 g Kartoffeln
300 g Lauch
8 dünne Kalbsschnitzel
Mehl
20 ml Samenöl
40 g Butter
50 ml Weißwein
1 Sardelle, in Salz eingelegt
40 g schwarze Trüffel, gerieben
40 g schwarze Trüffel, gehobelt
Salz, Pfeffer

Die Kartoffeln kochen und in Scheiben schneiden. Den Lauch längs in feine Streifen schneiden und in Öl fritieren. Die Kalbsschnitzel gut klopfen und leicht in Mehl wenden. In einer Pfanne mit dem Öl und 20 Gramm Butter bei großer Hitze stark anbraten, herausnehmen und auf die Seite legen.
Das Kochfett abschöpfen. Den Wein, die gut gewaschene und kleingeschnittene Sardelle, die geriebenen Trüffeln, etwas Wasser und die restliche Butter in den Fond geben. Einige Minuten köcheln, bis die Sauce cremig ist, salzen und pfeffern und die Schnitzel damit übergießen.
Die Kartoffelscheiben auf die Teller verteilen, jeweils 2 Schnitzel pro Teller dazugeben. Auf jedes Schnitzel ein Häufchen fritierten Lauch und die gehobelten Trüffeln geben.

Oscars Küche ist bei aller Sorgfalt und Qualität obendrein noch besonders preisgünstig. Kenner sprechen vom besten Preis-Leistungs-Verhältnis am See. Das wissen die Kaufleute aus Brescia zu schätzen, die schon immer sehr sorgfältig mit Geld umgegangen sind, sich aber auch gerne eine Gaumenfreude gönnen. Besonders günstig fährt man mit einem der beiden Degustationsmenüs, die immer angeboten werden, eines auf der Basis der Brescianer Küche, also mit Fleisch, und eines mit Fisch.

Da zu delikatem Fisch eine gute Weinwahl getroffen sein will, überrascht die sorgfältig zusammengestellte Weinkarte bei Oscar auch nicht weiter. Zumal wenn man weiß, daß Ehefrau Valeria auch als Sommelier ausgebildet ist. Eines ihrer unkomplizierten, aber doch ausgefallenen Angebote ist ein Blauburgunder, der als leicht perlender Weißwein ausgebaut ist, ein herrlicher Sommerwein ohne größeren Anspruch. Will man sich allerdings die besondere Gelegenheit nicht entgehen lassen, das Beste dieser Weingegend zu trinken, dann schweift das geistige Auge automatisch hinüber in Richtung Brescia, das nur 23 Kilometer entfernt ist.

Hinter der Bezirkshauptstadt beginnt sofort die Franciacorta, eine Landschaft, die bis zum Lago d'Iseo reicht. Der Legende zufolge soll Karl der Große sich derart in die zartgeschwungene Moränenhügellandschaft verliebt haben, daß er ihr den Namen »kleines

Sformato di peschenoci con salsa agli amaretti
Nektarinenpudding mit Amarettisauce

Für 4 Personen

Für den Pudding:

300 g Nektarinen
1/2 Zitrone
150 g Puderzucker
5 g Gelatine
50 g Amaretti
50 g Meringe
150 g Schlagsahne
8 Löffelbiskuits

Für die Sauce:

1/4 l Milch
50 g Zucker
3 Eigelb
70 g Amaretti

Frankreich« gegeben hat. Hier wird seit Urzeiten Weinbau betrieben, die ersten schriftlichen Zeugnisse darüber stammen von Plinius d. Ä. und Vergil. Im 16. Jahrhundert haben dann die großen Klöster neue Rebsorten eingeführt und den Anbau verbessert. Man nannte sie die *franchae curtes*, die freien, nicht den Landesherren unterstellten Ländereien. Somit sind sie die wahren Namensgeber dieses Landstriches. Heute sind 1500 Hektar mit Trauben für Weine mit DOC, d.h. kontrollierter, bzw. DOCG, d.h. kontrollierter und garantierter Herkunftsbezeichnung bepflanzt. Berühmt in aller Welt ist darunter der Franciacorta VSQPRD, ein strohfarbener Schaumwein mit delikatem, fruchtigem Geschmack. Einer der besten unter ihnen trägt den Namen Franciacorta Extra Brut Vittorio Moretti Riserva und stammt vom Gut Bellavista in Erbusco. Der Önologe des Hauses ist Mattia Vezzola, der zusammen mit seinem Bruder auch das Gut Costaripa in Moniga del Garda besitzt. Ihm ist mit diesem Sekt ein Göttertrunk gelungen, der durch angenehme Hefetöne und den Duft nach Vanille und Blumen besticht. Im Geschmack ist er voll, der Schaum cremig und die Perlage äußerst fein, alles so, wie es auch bei einem außergewöhnlich guten Champagner sein sollte. Auch der Franciacorta Gran Cuvée Pas Operé oder Gran Cuvée Satèn lohnen es, probiert zu werden, ebenso wie die beiden Weißweine des Hauses Bianco Uccellanda und Convento dell'Annunciata.

Die Nektarinen (einige Scheiben zur Seite stellen) mit einigen Tropfen Zitrone und dem Puderzucker im Mixer zerkleinern. Die Gelatine in etwas Wasser einweichen, herausnehmen und ausdrücken, auf dem Herd in 1 Eßlöffel Wasser auflösen und noch warm dazugeben und mischen. Die Masse in eine Schüssel geben, die zerbröselten Amaretti und Meringe hinzufügen, die geschlagene Sahne unterrühren. Den Boden von 4 kleinen Formen mit Löffelbiskuits bedecken und die Nektarinenmasse einfüllen. Für etwa 4 Stunden in den Kühlschrank stellen. Für die Sauce die Milch aufkochen. Vom Herd nehmen und den Zucker und das leicht geschlagene Eigelb einrühren. Erhitzen, aber nicht kochen und rühren, bis die Masse am Holzlöffel hängen bleibt. Vom Herd nehmen, die zerbröselten Amaretti hinzufügen und abkühlen lassen. Die Formen stürzen, den Nektarinenpudding mit der Sauce übergießen und mit Nektarinenscheiben garnieren.

Al Porto

Moniga gehört zu den Gemeinden der Valtenesi, in deren lieblicher Landschaft sich angeblich die klassischste aller antiken Landschaften, das malerische Attika widerspiegelt und die deshalb den Namen »Vallis Atheniensis« bekommen hat. Auch die Namen aller Ortschaften gehen auf das Altertum zurück. Soiano war einst Solis Janua, das Sonnentor, hinter Moniga verbirgt sich Diana Municchia, und Manerba wurde nach dem Minerva-Kult benannt. Minerva, die Göttin der Weisheit, war es auch, die den Menschen die Gewinnung des Öls aus den Früchten des Olivenstrauches lehrte. Ihr wurde das Öl geopfert, und durch sie wurde das Öl zum Symbol für Klugheit und Licht. Man verbrannte es in den Öllampen, die Licht in die irdische und geistige Dunkelheit bringen sollten. Die Göttin des Wissens und der Erfahrung des hohen Alters läßt auch den Olivenbaum uralt werden. Was Wunder also, wenn die Hänge der Valtenesi bis heute mit Olivenbäumen bedeckt sind und deren Öl die lokale Küche beherrscht.

Wirt Camillo Tomaselli

Wanda und Camillo servieren in ihrem Lokal ausschließlich Seefisch. Dieser muß besonders schonend zubereitet werden, um seinen zarten Eigengeschmack zu erhalten. Da das zum Kochen verwendete Fett den entscheidendsten Einfluß auf diese Geschmacksnoten hat, kommt dem Gardaseeöl im allgemeinen und dem in der Küche des »Al Porto« verwendeten Öl im besonderen große Bedeutung zu. Wandas Ehemann ist nicht nur einer jener vielgelobten Gärtner vom Gardasee, er betreibt neben seinem Gartenbaubetrieb auch noch eine eigene Olivenöl-Produktion. Das Öl ist unter dem Namen »Studionatura« im Handel. Seine 3000 Pflanzen wachsen an den sonnigen Hängen zum See mit seinem günstigen Mikroklima, werden nicht chemisch behandelt, sorgfältig geschnitten und nur natürlich gedüngt. Ebenso wird das Öl aus chemisch unbehandelten, nur gewaschenen Oliven mechanisch gewonnen, anschließend sedimentiert und gefiltert. Der Ölsäuregehalt eines *olio extra vergine di oliva* darf laut Gesetz bei maximal 1 Prozent des Gewichtes liegen, wird aber von guten Produkten wie hier um meist mehr als 50 Prozent unterboten. Die großen gesundheitlichen Vorteile des Olivenöls sind unter den zahlreichen Freunden der »Mittelmeerdiät« inzwischen schon hinlänglich bekannt, die wichtigsten seien aber noch einmal kurz genannt: Bestes Olivenöl ist leicht verdaulich und hat ein ausgewogenes Verhältnis zwischen gesättigten und ungesättigten Fettsäuren. Es steigert den HDL-

Mitinhaberin Wanda Perotti

Terrina di coregone
Blaufelchenpastete

Für 6 Personen

4 Blaufelchen à 400–450 g
1 kleine Lachsforelle
   (ca. 200 g)
1 TL Butter
Salz, Pfeffer
5 g gemahlene Gelatine
1/2 Glas Weißwein

Für die Farce:

30 g Thymianblätter
30 g Sauerampferblätter
30 g Kerbelblätter
1 Schalotte
30 g Sahne
1 Eiklar
1 Eigelb, hartgekocht
Salz, Pfeffer
20 g gemahlene Gelatine

Für die Garnitur:

verschiedene Salate
Olivenöl extra vergine

Blaufelchen und Forelle
filetieren. Eine rechteckige
1-Liter-Form mit Butter aus-
streichen, darauf Salz, Pfeffer
und Gelatine streuen. Mit den
Blaufelchenfilets belegen und
diese seitlich über den Rand
der Form hängen lassen.
Kräuter und Schalotte grob
hacken, Sahne, Eiklar und das
durch ein Sieb passierte gekochte Eigelb hinzufügen, salzen und pfeffern. Die Hälfte
dieser Farce in die Form geben. Darauf etwas Gelatine
streuen.
Die Forellenfilets darauflegen,
leicht salzen und mit dem Rest
der Farce bedecken. Mit Gelatine bestreuen und die über-
hängenden Blaufelchenfilets
darüberklappen. Noch mal salzen und pfeffern, mit Gelatine
bestreuen und den Weißwein
angießen.
Mit einer Aluminiumfolie
zudecken und im vorgeheizten
Ofen bei 180 Grad 45 Minuten

Strand vor dem Restaurant

Spiegel, also den Gehalt »guten« Cholesterins im Blut, verhindert
Oxydationsprozesse und senkt den Gegenspieler LDL, Fettstoffe,
die für die Entstehung von Gefäßverkalkung verantwortlich
gemacht werden. Außerdem führt es dem Körper wichtige Stoffe
wie Linolsäure und die Vitamine A, D und E zu, die er selbst nicht
produzieren kann. Außerdem ist es extrem hitzebeständig, weshalb
es sich auch bestens als Brat- und Fritierfett eignet.

Nicht minder entscheidend für die gute Küche ist auch der Eigengeschmack des Öls, der sich von Gegend zu Gegend und je nach
verwendeter Olivensorte stark unterscheidet. Grundsätzlich kann
man sagen, daß die Öle aus den drei besten Anbaugebieten der
Welt, nämlich der Toskana, Liguriens und vom Gardasee einen charakteristischen Eigengeschmack haben. Das toskanische Öl ist

im Wasserbad kochen. Danach die Pastete abkühlen und 45 Minuten im Kühlschrank ruhen lassen. Aus der Form stürzen und in etwa 1 Zentimeter dicke Scheiben auf Salat, mit etwas Olivenöl angemacht, servieren.

Filetto di coregone al basilico
Blaufelchenfilet mit Basilikumsauce

Für 6 Personen

3 Blaufelchen à 400–450 g
300 ml Olivenöl extra vergine
1/2 Glas trockener Weißwein
Salz
100 g Basilikumblätter
2 mittelgroße Kartoffeln, gekocht
2 Tomaten
10 schwarze Oliven, entkernt

Die Fische filetieren. 4 Eßlöffel Öl in eine Pfanne geben und den Wein darin aufkochen, salzen, die Filets dazugeben und bei kleiner Hitze 4 Minuten garen, wenden und weitere 4 Minuten garen. Basilikum, das restliche Öl und etwas Salz in einem Mixer verquirlen. Die Teller mit der Sauce dünn begießen, mit 2 oder 3 Kartoffelscheiben belegen, noch ein wenig Sauce und anschließend das Fischfilet dazugeben. Mit der restlichen Basilikumsauce bedecken und mit Tomatenwürfeln und Olivenscheiben garnieren.

scharf und schmeckt eindeutig nach rohen Artischocken, das ligurische ist milder und schmeckt nach frischen Mandeln, und die guten Öle vom Gardasee sind am dünnflüssigsten, mildesten, haben einen leichten Geschmack nach Gras oder Heu und passen zu Salaten, vor allem aber zu delikatem Süßwasserfisch.

Um über diesen Zusammenhang mehr herauszufinden, empfiehlt sich der Weg in den Hafen von Moniga. Dort steht ein schönes Gebäude direkt am Ufer, errichtet um 1600, in dem zu Zeiten der österreichisch-ungarischen Glorie die Waren, die über den See gebracht wurden, zu verzollen waren, was wiederum zur Finanzierung besagter Glorie diente. In den folgenden, weniger glorreichen Zeiten wurde hier eine kleine Trattoria mit Bar eingerichtet, Treffpunkt der Fischer und Bauern, in dem Ausflügler auch einige sehr

Maltagliati del pescatore
Nudeln mit Fischsauce

Für 6 Personen

Für die Nudeln:

200 g Vollkornmehl
400 g Weizenmehl
4 Eier
1/2 Glas Wasser
Salz, Pfeffer

Für die Sauce:

4 EL Olivenöl extra vergine
1 mittelgroße Zwiebel
300 g Forellenfilet
1/2 Glas trockener Weißwein
50 g Kichererbsen, gekocht
je 30 g grüne und schwarze
    Oliven, entkernt und in
    Scheiben geschnitten
Salz, Pfeffer
2 Fleischtomaten
20 g Sellerieblätter

Die Zutaten für die Nudeln mischen und kneten. Der Teig muß fest sein. 30 Minuten ruhen lassen. Ausrollen, in Streifen und anschließend in unregelmäßige Stücke von etwa 2 Zentimeter schneiden. In einer Pfanne die gehackte Zwiebel in Olivenöl anbräunen. Die grob geschnittenen Fischfilets hinzufügen und bei großer Hitze anbraten. Den Wein dazugießen und verdunsten lassen. Die Kichererbsen und die grünen Oliven dazugeben. Salzen und pfeffern, 5 Minuten auf dem Herd lassen und dann auf die Seite stellen. Die Nudeln in reichlich Salzwasser al dente kochen. Kurz bevor sie fertig sind, die Pfanne mit der Sauce wieder auf den Herd stellen, die schwarzen Oliven, die in Würfel geschnittenen Tomaten und die grob gehackten Sellerieblätter dazugeben, kurz rühren. Die Nudeln abgießen, in die Pfanne geben, gut wenden, mit Olivenöl beträufeln und servieren.

einfache Gerichte serviert bekamen. Gegen Ende der sechziger und in den siebziger Jahren gesellten sich einige Intellektuelle zu den Einheimischen, unter ihnen die bekannten italienischen Journalisten und Schriftsteller Gianni Brera und Nantes Salvalaggio, die diesen besonderen Ort in verschiedenen Büchern erwähnten.

Wanda Perotti und Camillo Tomaselli, die das Haus zu Beginn der achtziger Jahre übernommen haben, freuen sich besonders darüber, daß viele der alten Gäste den grundlegenden Wandel des Lokals in ein sehr ansehnliches Restaurant mitgetragen haben. Camillo hat es damals nach langem Aufenthalt im deutschen Mainz, wo er ein eigenes Restaurant betrieben hat, wieder in die Heimat zurückgezogen. Zusammen mit seiner Jugendfreundin Wanda hat er sich einen lange gehegten Traum verwirklicht – ein Speiselokal allererster Güte direkt am heimatlichen See, spezialisiert auf die Gardaseefische – ihrer beider kulinarische Leidenschaft. So kompromißlos, wie sie bei der Verwirklichung vorgegangen sind und bis heute vorgehen, kann man nur sein, wenn man ein wirkliches Anliegen umsetzt.

Es stimmt traurig, wenn man Abend für Abend erlebt, wie bis zu 50 Prozent der Gäste, die das Lokal oder die Terrasse davor betreten, nach einem Blick in die Speisekarte oder einem kurzen Gespräch mit Camillo auf dem Absatz kehrtmachen und die nächste Pizzeria anlaufen. Der Tourismus der Gegend ist geprägt von Campingplätzen und Ferienwohnungen, Familienurlaub also, der mit kulinarisch Ausgefallenem, gar mit raffiniert zubereitetem Fisch wenig im Sinn hat. Deshalb mußten sich für Wandas Küche andere Gäste finden, die sich, wie immer in ähnlichen Fällen, mit der Zeit via Empfehlungen und Geheimtipgeraune unter Gourmets dann auch einstellten. In den wenigen glücklichen Fällen, wo die Qualität auf Dauer hält, was der Hinweis eines Kenners versprochen hatte, werden aus den Neugierigen Stammkunden. So geschehen im Al Porto. Heute wundert sich niemand, wenn am Nebentisch der Gouverneur der italienischen Zentralbank seine von Wanda nur auf Vorbestellung zubereitete *zuppa di pesce di lago*, eine gesuchte Rarität,

Budino di pere caldo con salsa di vaniglia
Birnenpudding mit Vanillesauce

Für 4 Personen

3 Kaiserbirnen
2 TL Butter
40 g Zucker
8 Scheiben Toastbrot
1 Glas Milch
3 Eigelb
1 Tüte Vanillezucker
1 EL Stärkemehl
150 ml fertige oder selbst-
   gemachte Vanillesauce
Birnenlikör
Puderzucker
1 EL Schokoladensplitter

Die Birnen schälen, entkernen, in Stücke schneiden und
in einer Pfanne mit der Butter
und 1 Eßlöffel Zucker heiß
werden lassen.
Toastbrot in Milch einweichen,
ausdrücken und mit den Birnen im Mixer pürieren.
Eigelb mit dem restlichen
Zucker und Vanillezucker mit
einem Schneebesen schaumig
schlagen und zum Birnenmus
hinzufügen. Stärkemehl dazurühren.
4 kleine Formen mit Butter
einfetten, mit Zucker be-
streuen und das Birnenmus
darin verteilen. Die Formen in
eine Reine mit 2 Zentimeter
Wasser stellen und im vorgeheizten Ofen bei 180 Grad 30
Minuten kochen. Herausnehmen, abkühlen lassen und den
Pudding noch lauwarm auf ein
mit Backpapier belegtes Backblech stürzen und unter dem
Grill gratinieren.
Die Vanillesauce mit Birnenlikör aromatisieren, auf kleine
Teller verteilen, Birnenpud-
ding dazugeben und, mit
Puderzucker und Schokola-
densplitter bestreut, servieren.

genießt oder wenn sich bekannte Münchener Mediengesichter hier zum Abendessen verabredet haben, um ungestört bei leichter Kost über harte Geschäfte plaudern zu können.

Neueinsteigern sei Wandas preiswertes Degustationsmenü empfohlen, in dem sie sich nach Lust und Laune die ganze Freude an ihrem Beruf von der Seele kocht. Darin tauchen auch Fische auf, die man gar nicht auf die Speisekarte schreiben kann, da sie nur selten, manches Mal auch nur an wenigen Tagen im Jahr gefangen werden. Die *carpioni*, die echten Gardaseeforellen, mit ihrem überaus wohlschmeckendem, festem nussigem Fleisch, das weiß oder rosa sein kann, sind sehr selten, die Süßwasserbarben fischt man nur im Herbst, da ihr Rogen giftig ist, und den *salmerino alpino*, den Wandersaibling, den edelsten Süßwasserfisch überhaupt, bringen Fischer, die im Nordteil des Sees mit seinem kalten und sauerstoffreichen Wasser unterwegs waren, ab und zu vorbei. Wie man sieht gibt es viel zu probieren und zu genießen von dem, was aus dem 51,6 Kilometer langen und geheimnisvolle 346 Meter tiefen Gardasee kommt, und zweifellos einer der besten Plätze, dies zu tun, ist hier, am kleinen Hafen von Moniga.

Die seltene echte Gardaseeforelle carpione

51

La Campagnola

In Gardone hat sich André Heller seit 1988 sein »Leo« eingerichtet, so nennt ein Wiener einen Ort, an dem er sich sicher und von der Außenwelt abgeschirmt fühlt. Er hat sich dazu eine Villa im venezianischen Stil mit einem zwei Hektar großen Park ausgesucht. Vorbesitzer war ein Dentist, der sein Glück mit den Zahnschmerzen des letzten Zaren, einiger Päpste und des Psychopapstes Sigmund Freud gemacht hatte. Als hätte er die Bedürfnisse seines Nachfolgers schon mit eingeplant, verwandelte er den ehemaligen Olivenhain in einen zauberhaften »Weltgarten«, mit Exotischem aus aller Welt. André Heller glaubt, daß dieser Garten anschließend ihn verwandelt hat, und wünscht sich eine ähnliche Wirkung auf die jährlich 6000 zahlenden Gäste, für die er diesen magischen Fleck Natur zugänglich gemacht hat.

Das sind erheblich weniger als die 300 000 Besucher, die Haus und Garten eines anderen großen Egomanen bestaunen. Gabriele d'Annunzio nannte sich selbst »Interpret des menschlichen Wahnsinns«. Hugo von Hofmannsthal nannte ihn einen »kriegerisch geschminkten Casanova«, Franz Kafka erschien er nur als »klein und schwach«. Aus der geschichtlichen Distanz kann man heute vielleicht den verkappten Dadaisten und selbstverliebten Surrealisten in seiner schillernden Gestalt erkennen. Dem eitlen Erotomanen, Automobilfetischisten, Krieger und Dichter, hinter dem sich doch wohl nur ein

Insalata estiva di tinca
Sommergemüse mit Schleie

Für 4 Personen

100 g Auberginen
100 g Zucchini
100 g grüne Bohnen
1 Knoblauchzehe
6 Pfefferminzblätter
4 EL Olivenöl extra vergine
1 Schleie (ca. 1 kg)
1/2 l Samenöl
frischer Bagoss (alternativ: halbfetter Käse aus Kuhmilch)
1 Messerspitze getrockneter Oregano

Die Auberginen in dicke Scheiben schneiden, die Zucchini halbieren und mit den Bohnen unter dem Grill garen.
Die Gemüse in Würfel schneiden, Knoblauch und Minze kleinhacken und mit Olivenöl mischen.
Die Schleie putzen und filetieren, die Filets in Stücke schneiden und im heißen Öl fritieren. Auf Küchenpapier abtropfen lassen und zum Gemüse geben. Den Käse würfeln, ebenfalls dazumischen, mit Oregano würzen und servieren.

Abbildung auf Seite 52: Blick auf Salò

Die Villa Gabriele d'Annunzios

Tortelli ai gamberi
Tortelli mit Garnelen

Für 4 Personen

Für den Teig:

400 g Mehl
8 Eigelb
Salz

Für die Füllung:

200 g Garnelenschwänze
4 EL Olivenöl extra vergine
Salz, Pfeffer
10 Zucchiniblüten
1 Aubergine
200 g Ricotta
1 EL Mascarpone
2 Fleischtomaten
1 Bund Basilikum

Die Zutaten für den Teig kneten, bis eine gleichmäßige Masse entsteht. Den Teig, mit einem Küchentuch zugedeckt, 30 Minuten ruhen lassen.
Die Garnelenschwänze putzen, schälen und in Stücke schneiden. In einer Pfanne mit 2 Eßlöffel Olivenöl kurz anbraten, salzen und pfeffern.
In einer anderen Pfanne die grob geschnittenen Zucchiniblüten und die sehr fein gewürfelten Auberginen in 2 Eßlöffel Olivenöl angaren. Vom Herd nehmen und Garnelenschwänze, Ricotta und Mascarpone hinzufügen.
Den Teig dünn ausrollen, mit einem Teigrad etwa 8 Zentimeter große Quadrate schneiden, 1 Teelöffel der Farce auf jedes Quadrat geben. Die Teigquadrate zu Dreiecken zusammenklappen und die Ränder gut zusammendrücken.
Die Teigtaschen in reichlich Salzwasser etwa 2 Minuten kochen, mit einer Schaumkelle aus dem Wasser nehmen.
In einer Pfanne die gewürfelten Tomaten in 1 Eßlöffel Kochwasser wenden und auf Tellern mit den Tortelli anrichten, mit Basilikum garnieren.

Komödiant und Narziß verbarg, lag die ganze Nation zu Füßen. Er wurde zum Prinzen von Montenevoso geadelt und von wechselnden Machthabern umworben. Die Marine ließ es sich nicht nehmen, ihm ein ganzes Schiff für den Park seines »Neuschwanstein« am Gardasee zu schenken. »Man nennt mich einen großen Schriftsteller. Es ist ein Fehler. Meine wahre Grandezza besteht darin, Tapezierer zu sein«, sagte er einmal in gespielter Selbstironie. Und entsprechend hat er sie hergerichtet, seine Villa Cargnacco in Gardone, die er 1921 dem deutschen Kunsthistoriker Henry Thode abgekauft hatte. Seit 1923 nannte er sie »Vittoriale degli Italiani«, »Siegesdenkmal der Italiener«, und vermachte die horrende Sammlung bildungsbürgerlichen Kitsches eines zwanghaften Manieristen, der allein in seinem Badezimmer mehr als 1000 Zeugnisse seines Reinlichkeitswahns anhäufte, dem Staat als »steinernes Testament der Seele«.

Salò, von römisch Salodium, eignet sich gut als Hintergrund für Fassadenkünstler. Die kleine Stadt hat ein anderes Gesicht als die restlichen Gemeinden am Gardasee. Schuld daran ist das große Erdbeben, das 1901 die meisten Gebäude des Ortes zerstörte. Was im Stil der Zeit wiederaufgebaut und sich bis heute erhalten hat, ist ein etwas unbeholfener städtischer Jugendstil, der sich aber im Wellengekräusel des Sees um so heiterer spiegelt. Glücklicherweise kaum Spuren hinterlassen hat die »Repubblica di Salò«, Mussolinis Marionettenregierung von Hitlers Willen und Gnaden, die zwischen 1943 und 1945 die Illusion vom Fortbestand des faschistischen Italien an den Ufern des Gardasees inszenierte. Aber da Gasparo Bertolotti, 1540 hier geboren, die Geige erfunden haben soll, angeregt von der Form des Gardasees, soll es auch uns gelingen, Salò in den höchsten Tönen zu besingen.

Dazu steigen wir einige Stufen aus der Altstadt hinauf, überqueren die Umgehungsstraße und gehen durch eine gewölbte Durchfahrt, die so angenehm als Schleuse wirkt, in unser gastronomisches »Leo« am Gardasee. Zufallsgäste finden den Weg hier herauf kaum. Und so weiß jeder, der sich bei Angelo Dal Bon niederläßt, daß er etwas Besonderes erwarten darf. Angefangen hat das Ganze 1952 mit einem *licenzino,* einer kleinen Schankerlaubnis, die es den bäuerlichen Familien ermöglichte, ihren neuen Wein ab Ende Januar so lange zu verkaufen, bis er, etwa zwei Monate später, ausverkauft war. Das Geschäft lief gut, und so erwarb Angelos tüchtige Großmutter schon 1954 zusätzlich die Lizenz für das Betreiben einer kleinen Osteria und konnte nun das ganze Jahr über geöffnet sein. Diese typischen Wirtshäuser hatten in dieser Zeit regen Zulauf, ganze Familienverbände verbrachten die Sonntage in den Gaststuben und den Gärten davor. Immer brachten es die Männer dabei auf eine beachtliche Anzahl geleerter Weinflaschen und einen stattlichen Rausch. Den Frauen und Jugendlichen fiel dann die schwere Aufgabe zu, das schwankende Familienoberhaupt wieder sicher nach Hause zu bringen. Die Arbeit war in jenen Tagen hart und meistens mit körperlichen Anstrengungen verbunden und der Sonntag der einzige Lichtblick in einem tristen Dasein, den man auf diese Art zu verdoppeln suchte.

Im unteren Raum der Osteria befand sich ein großer Ofen, auf dem die Arbeiter der Gegend an Werktagen ihr mitgebrachtes Essen aufwärmten und sich mittags etwas Wein dazu bestellten. Andere hatten sich von zu Hause selbst ihren Wein mitgebracht und bestellten dazu die einfachen Gerichte, die die Großmutter und die Mutter täglich zubereiteten: Nudeln, Kutteln oder gegrilltes Huhn. Mitte

Der geborene Gastgeber: Angelo Dal Bon

Petto di faraona agli asparagi
Perlhuhnbrust mit Spargel

Für 4 Personen

2 Perlhühner
4 EL Olivenöl extra vergine
500 g grüner Spargel
50 g geriebener Parmesan
1 Ei
Salz, Pfeffer
70 g Butter
4 Salbeiblätter

Die Brüste von den Perlhühnern lösen und in jede Brust eine Tasche schneiden. Das restliche Fleisch von den Knochen lösen und im Mixer mit dem Parmesan, 2 Eiswürfeln (die Farce darf im Mixer nicht warm werden), dem Ei und den Spargelspitzen pürieren. Mit dieser Farce die Brusttaschen füllen und einige Spargelstücke dazugeben. Die gefüllten Brüste in einer Pfanne mit Öl anbraten, salzen, pfeffern und im vorgeheizten Ofen bei 160 Grad 15 Minuten garen. In einer Pfanne die Butter zerlassen, die Salbeiblätter dazugeben und die Butter das Aroma annehmen lassen. Die Brüste in Scheiben schneiden, mit der Salbeibutter übergießen und mit Gemüse servieren.

Tortine calde alle ciliege
Warme Kirschtörtchen

Für 4 Personen

150 g Mehl
150 g Zucker
150 g Butter
Salz
1 Tüte Backpulver
1 kg Kirschen, entkernt
4 cl Kirschlikör
1/4 TL Sternanis
1 TL Puderzucker

Mehl, Zucker und Butter vermischen, das Backpulver und etwas Salz dazugeben. Gut durchkneten.
4 Backformen mit Backpapier auslegen und die Hälfte der Kirschen darin verteilen. Mit Teig bedecken und im vorgeheizten Ofen bei 180 Grad 45 Minuten backen.
In einer Pfanne die restlichen Kirschen mit Kirschlikör und Sternanis erhitzen. Die Kirschküchlein stürzen, auf Tellern anrichten, mit etwas Puderzucker bestäuben und mit den heißen Kirschen servieren.

der sechziger Jahre begann sich etwas zu ändern. Leute aus Brescia oder Verona machten mit ihren ersten Autos sonntägliche Ausflüge zum See. Die Familien waren kleiner geworden, die Portionen mußten nicht mehr ganz so groß sein, aber der Anspruch an die Qualität des Gebotenen wuchs.

Angelo wurde 1973 mit der Schule fertig und konnte nun auch in der Campagnola mitarbeiten. Die Mutter stand in der Küche, der Vater versorgte den Garten am Hang über dem Haus und ging mit dem eigenen Boot auf dem See fischen. Angelo begann seine Ideen einzubringen. Das Lokal erhielt eine lichte, moderne Glasveranda. Diese Terrasse an die Stelle des Gemüsegartens zu verlegen, von wo man einen einmaligen Blick auf den See hätte genießen können, brachte er allerdings nicht fertig. Dazu war seine Passion für die Küche von Anfang an zu groß, zu wichtig war und ist ihm die absolute Frische der Produkte. Seine frischen Feigen zum Schinken, seine gefüllten Zucchiniblüten, die hausgemachten Spaghetti mit Zucchinistreifen und Trüffelspänen, die Artischocken, die eine phantastische Tortellifüllung ergeben, mit unfiltriertem Olivenöl serviert, die knackigen Salate, die Kräuter, die die Lammkoteletts so schmackhaft würzen, oder die Himbeeren zur Entenbrust, alles kommt erst im letzten Augenblick aus dem Garten in die Küche. Auf der soliden Basis der bäuerlichen lokalen Tradition entwickelte sich so eine radikal an den Jahreszeiten und den lokalen Produkten orientierte moderne Küche, die täglich von Angelos außergewöhnlichem Talent zeugt.

Zu den heimischen Produkten zählt natürlich auch der Wein. Der norditalienische Rebengürtel umfaßt die großen Weinbaugebiete Piemont, Lombardei, Veneto und Friaul, und genau in der Mitte liegt der Gardasee, mit seinen zahlreichen Unterzonen. Sich mit diesen genauer zu befassen ist für Angelo Dal Bon nicht nur eine Freude als Weinfreund und ein Anliegen als Restaurantbesitzer, sondern als Sommelier, der für den berühmten Weinführer Gambero Rosso die Auswahl der Weine der Gegend vornimmt, eine verantwortungsvolle Aufgabe. Für den Gast ergibt sich so die angenehme Gewißheit, in der Campagnola auch beim Wein immer bestens beraten zu sein. Zu einer Perlhuhnbrust empfiehlt er etwa einen Groppello seines Freundes Giancarlo Comincioli, einen rubinroten Wein, der nur hier in der Zone Garda Bresciano zu finden ist. Er hat einen würzigen Geruch, den manche mit einem Blauburgunder vergleichen, und erinnert im Geschmack leicht an Paprikagemüse. Davor sollte man sich vielleicht nach einem Chiaretto erkundigen, einer ganz besonderen Spezialität der Gegend, und sich nicht wundern, wenn dann neben Comincioli auch der Name Costaripa fällt. Roséweine von der Qualität eines Chiaretto Rosamara, der aus diesem Weingut stammt, findet man äußerst selten in Italien. Er wird jung getrunken und aus den Trauben Groppello, Sangiovese, Barbera und jenem Marzemino

gekeltert, den Mozart im »Don Giovanni« besingen ließ. Wenn man sich für Käse, ein weiteres kulinarisches Hobby von Angelo, interessiert, dann sei auch gleich der richtige Wein dazu genannt, ein reinsortiger Cabernet Sauvignon mit dem Namen Pradamonte, ebenfalls aus dem Hause Costaripa, dort in Barrique-Fässern vergoren und mindestens ein Jahr darin gelagert.

Leider ist die Käse-Genuß-Kultur Italiens bei weitem nicht so entwickelt wie die im benachbarten Frankreich, obwohl auch die Apenninenhalbinsel eine unerschöpfliche Vielfalt bester Sorten zu bieten hat. Bei Angelo hat man die seltene Gelegenheit, einige der interessantesten und außergewöhnlichsten zu probieren. Auf die Jagd nach den köstlichsten Sorten macht er sich allerdings nicht selbst, das macht Enrico für ihn. Dieser betreibt in Gavardo seinen *Mercato coperto del formaggio*, und bei ihm kann man sich auch den Stoff für eine duftige Heimreise kaufen. Hier findet Angelo zur richtigen Zeit einen *stracchino di capra*, einen unglaublichen Ziegenweichkäse, den nur ganz wenige Hirten in geringer Menge und während weniger Monate im Jahr herstellen können. Oder man sollte eine sahnige, mild-säuerliche *robiola* oder einen *castelmagno*, einen Halbweichkäse, von Enrico einmal mit dem vergleichen, was man in Italien in jedem Supermarkt unter demselben Namen zu kaufen bekommt. Und wer glaubt, er wüßte etwas über Parmesan und ähn-

Weinbauer
Giancarlo Comincioli

57

liche Hartkäse, der gehe ebenfalls zu Enrico und lasse sich kräftig verunsichern. Das, was er einem unter der Bezeichnung *grana* zum Probieren auf die Zunge legt und was darauf förmlich zerschmilzt, ist etwa eine 36 Monate lang, ganz langsam gereifte Köstlichkeit aus dem Bergland über der Poebene. Von noch weiter oben, genauer aus dem ehemaligen österreichisch-italienischen Grenzörtchen Bagolino, in 700 Meter Höhe über dem Caffarotal nahe dem Idrosee in der Provinz Brescia gelegen, kommt auch der *bagoss*, ein weiteres italienisches Bergkäsewunder. Er wird in einer seit dem 16. Jahrhundert bezeugten und bis heute völlig unveränderten archaischen Weise aus der Milch der typischen braunen und genügsamen Alpenkühe hergestellt, solange diese oben auf den *malghe*, den Almen, nur frisches Gras fressen. Um dem Laib die gewünschte goldgelbe Farbe zu geben, wird dem Laab traditionell eine Prise Safran zugefügt. Diesen *bagoss* gilt es zu unterscheiden von seinem weniger beeindruckenden Bruder, der im Winter aus der Milch der heugefütterten Stallkühe gemacht wird und der leider denselben Namen führen darf.

Käsespezialist Enrico Braga

Das reichhaltige lokale Käseangebot

La Dispensa

Die Flußniederungen des Mincio, der das Wasser des Gardasees zum Po führt, sind eine verzauberte bukolische Welt, die sich am reinsten in den unter Naturschutz stehenden Gebieten erhalten hat. Der Wasserweg schlängelt sich zwischen den Moränenhügeln, die der Gletscher, dem wir auch den Gardasee verdanken, vor sich hergeschoben hat. Zahlreiche Arten von Wildenten bevölkern das Wasser, die Reiher beherrschen die Luft und an den Ufern leben noch viele Menschen von aussterbenden Handwerkskünsten. Sie sind Stuhl- und Korbflechter und Erbauer flacher Holzboote, Plätten, wie man sie früher in Bayern nannte, die als einziges Verkehrsmittel die volle Schönheit der schilfbewachsenen Landschaft erschließen. Auf dem sogenannten Lago Superiore blühen unzählige Lotusblüten. Zwei Verliebte sollen, laut Legende, zwei Pflanzen, die sich im fruchtbaren Sumpf prächtig vermehrten, von einer Orientreise mitgebracht haben. Historisch begründeter ist die Annahme, daß das exotische Gewächs im 15. Jahrhundert von Mönchen eingeführt wurde.

Der touristisch interessante Teil beginnt schon weiter oben am Flußlauf in Valeggio sul Mincio, wo viele Ausflugslokale eine stark mantuanisch beeinflußte Küche anbieten. Um auch kulinarisch zu den bukolischen Ursprüngen der lokalen Küche zu finden, muß man allerdings von den Hauptstraßen abbiegen und einige Kilome-

Am Mincio

Abbildung auf S. 60:
Sergio und Nicla mit ihren
Söhnen Leonardo und Simone

Tortelli di zucca
Tortelli mit Kürbis-füllung

Für 4 Personen

Für den Teig:

400 g Mehl
3 Eier
Salz

Für die Füllung:

800 g Kürbis
30 g Butter
120 g Amaretti
50 g Senffrüchtekompott
   (alternativ: zerkleinerte
   kandierte Früchte)
80 g geriebener Parmesan
1 Prise Muskatnuß
Salz

100 g Butter
50 g geriebener Parmesan

Die Zutaten für den Teig mischen und zu einer gleichmäßigen glatten Masse verarbeiten. Mit einem Küchentuch zugedeckt 30 Minuten ruhen lassen.
Den Kürbis schälen und entkernen und in große Stücke schneiden. In Alufolie wickeln und im vorgeheizten Ofen bei 200 Grad etwa 20 Minuten lang weich werden lassen. Herausnehmen und mit einer Gabel zu Mus zerdrücken. Die Butter in der heißen Kürbismasse zergehen lassen.

ter vom Fluß wegfahren zur Riserva Naturale von Castellaro Lagusello. Dafür wird man entsprechend belohnt. Hier kreuzen noch Tiergespanne den Weg, und den Besucher erwartet hinter trutzigen Mauern ein Dorf wie aus einer anderen Zeit.

Kurz vor dem Tor von Castellaro liegt das Ziel unserer Reise: »La Dispensa«, die »Vorratskammer«. Ein schöner Name für eine Osteria, von lateinisch *dispensare,* verteilen. Hier wurde früher der Getreidevorrat des Dorfes gelagert, und heute werden an den wenigen wackeligen Tischen die Freuden der ländlichen Tafel von den Söhnen des Hauses, Leonardo und Simone, verteilt. Die Vorspeise aus zerdrückten Kartoffeln, serviert mit einem appetitlichen Dös-

chen Sardellen, ist eine so originelle Kombination, daß sie in jedem schicken Designerlokal Furore machen würde. Die Kartoffeln sind wunderbar mehlig und die Sardellen so mild, daß man fast geneigt ist, die salzigen Dinger als süß zu bezeichnen. Danach könnte kommen, was will, der Ausflug hat sich schon wegen dieser Zauberformeln der Einfachheit gelohnt.

Natürlich haben Sergio und Nicla, die hier früher einen kleinen Lebensmittelladen betrieben, noch weitere Überraschungen zu bieten. Es soll Gäste geben, die nur wegen des Brotes kommen, und man kann sie verstehen. Auch ein *grissino*, eine trockene Brotstange, und ein trockener Tropfen aus Sergios Enoteca können glücklich machen. Ob man sich dabei zuerst den völlig unbekannten DOC-Weinen wie Colline Moreniche Mantovane del Garda, Lombardia, zuwendet oder sich gleich auf die Schätze an großen italienischen Weinen stürzt, die hier völlig unerwartet im verborgenen schlummern, ist Charaktersache. Auf jeden Fall lohnt sich der Weg über den kleinen Hof in das kühle Reich der Flaschen, dessen Bestand schon so manchen Weinfreund vor Ehrfurcht erstarren ließ. Die lokalen DOC-Weine sind ein Weißer aus Garganega, Pinot Bianco und Trebbiano, und ein Roter aus Rondinella, Merlot, Rossanella und Negrara. Aus den gleichen Trauben wird auch ein Chiaretto, ein Rosé, gekeltert. Außerdem lohnt es sich, einen lokalen

Amaretti zerkleinern und mit Senffrüchten, Parmesan, Muskatnuß und etwas Salz einarbeiten. Wenn die Masse zu fest wird, 1 Eßlöffel lauwarmes Wasser dazugeben.

Den Teig dünn ausrollen und mit einem Teigrad etwa 8 Zentimeter große Quadrate ausschneiden. 1 Teelöffel Kürbiscreme auf jedes Quadrat geben, Teigtaschen formen und die Ränder gut zusammendrücken. In reichlich Salzwasser kochen und mit zerlassener Butter und Parmesan servieren.

Torta sbrisolona
Streuselkuchen

Für 6 Personen

120 g Mandeln
170 g Mehl
100 g Maismehl
120 g Zucker
Schale von 1 Zitrone
2 Eigelb
120 g Butter

Die Mandeln im Mixer mahlen, mit Mehl, Maismehl, Zucker und der abgeriebenen Zitronenschale in eine Schüssel geben und gut vermengen. Eigelb hinzufügen und mit den Händen durchkneten, bis sich kleine Klumpen bilden. Die weiche Butter einarbeiten. Es bildet sich ein trockener, krümeliger Teig. Ein Backblech mit Butter einfetten und den Teig gleichmäßig dünn darauf verteilen. Im vorgeheizten Ofen bei 200 Grad 40 Minuten backen. Noch warm in Stücke schneiden und mit Mandeln und Zucker garnieren.

Weißwein aus Cortesetrauben oder einen Sauvignon zu probieren oder die klassischen Roten Cabernet und Merlot. Alles keine Weine *da capogiro,* die einem den Kopf verdrehen, wie Sergio selbst zugibt, aber völlig ausreichend, um an einem schönen Wochenende im kleinen Garten das leichte Schweben zu erleben, das so angenehm die Alltagsrealität vergessen läßt.

Damit aus dem Schweben keine Karussellfahrt wird, ist eine solide Grundlage die Voraussetzung. Etwas Speck mit Feigen und warmem Brot zum Anfang, dann die wunderbaren *tortelli di zucca,* mit dem gelben Kürbis aus Mantua gefüllt. Der unvergleichliche Geschmack der Füllung wird durch ein kleines Küchengeheimnis bewirkt, das Nicla Russo streng hütet, sich aber doch diebisch freut, wenn ein Leckermaul unter ihren Gästen die Zutat von etwas *mostarda*, Senffrüchtekompott, herausschmeckt. Wenn man nach einem Eselsschmorbraten, gefüllten Wachteln oder Nackenschinken mit rohem Fenchel nicht mehr zu Niclas *sbrisolona,* einem mantuanischen Streuselkuchen, oder ihrer *crostata,* dem mit in Wein gekochtem überreifem Obst belegten Mürbeteigkuchen, zu überreden ist, dann bleibt jetzt nur noch der Weg zu den Weinregalen – zumal, wenn man sich mit Sergio, wie üblich, angefreundet hat. Denn zu den wunderbaren Käsen, die noch als Abschlußprüfung vor einem liegen, gehört ein ausgezeichneter Wein. Oder was wollte man sonst trinken zu *gorgonzola*, natürlich fermentisiert, mit Nüssen, Akazien- und Kastanienhonig, zu *sairas*, einem Schafsmilchkäse, der im Heu gereift ist, zu *tome di Langa*, einem Käse aus Kuh-, Schafs- und Ziegenmilch, zu dem eine Traubenmostarda serviert wird, oder zu *taleggio* und *bagoss* mit Polentabrei, zu einem lange gereiften Höh-

Selbst das Brot trägt eine unverwechselbare Handschrift

lenkäse, *formaggio di fossa*, oder einem *castelmagno* mit Trauben-
und Pfirsichmarmelade oder einem frischen *fontina*?

Übrigens: »La Dispensa« betritt man durch die Küche, im Sommer
finden knapp 30 Leute im Garten Platz, im Winter eher weniger in
einer gemütlichen Stube über der Küche, die nur über eine mehr
als steile Treppe zu erklettern ist. Und dann ist das Lokal erst ab
Donnerstag geöffnet. Sergio hat schließlich als Angestellter der Pro-
vinzverwaltung Veneto auch noch etwas anderes zu tun, und seine
Söhne müssen zur Schule. Es sei denn, man bestellt für sich und
einige Freunde vor, dann findet sich schon ein Weg.

Antica Riseria Ferron

Ein klarer Bach treibt das Mühlrad, ein kompliziertes System aus Keilriemen, hölzernen Rädern und Zahnrädern setzt sich ächzend in Gang und bewegt dicke hölzerne Balken auf und ab. Die Stößel an ihrem Ende gleiten in den Reis, der in großen Löchern im Steinfundament liegt, und polieren ihn. So kann man sich die Beschreibung einer Reismühle aus vergangenen Tagen vorstellen, und genau so trifft man es heute noch an, wenn man die Reismühle der Familie Ferron in Isola della Scala südlich von Verona betritt. Die »Antica Riseria Ferron« wurde 1650 gegründet und wird heute von den Brüdern Maurizio und Gabriele Ferron betrieben, denen Vater Lionello mit seiner Arbeitskraft und Erfahrung immer noch gerne zur Seite steht. Der hochwertigste Reis wird nach wie vor mit den uralten hölzernen Monstern poliert, die ihre lautstarke Arbeit mit unbestreitbarer Eleganz erledigen. Die Mörserlöcher im Veroneser Marmor werden alle fünf Stunden mit etwa 20 Kilogramm Reiskörnern gefüllt, die Balken heben und senken sich, und in etwa fünf Stunden haben die eisenbewehrten Stößel die Körner durch die Reibung aneinander ihres Spelzmantels entkleidet, ohne das wertvolle Silberhäutchen zu zerstören, in dem fast alle Mineralien und Vitamine stecken. Anschließend wird der Reis nur noch gesiebt, und die Schalen und der übriggebliebene Polierstaub werden in den bäuerlichen Kreislauf zurückgeführt und als Streumittel verwendet oder an Schweine, Hühner oder Enten verfüttert.

Altes Mühlrad

Mühleneigner Laden

Die alten Mörser

Abbildung auf Seite 66:
Vater Lionello Ferron prüft
den Reis

Risotto gamberi e radicchio
Risotto mit Garnelen und Radicchio

Für 4 Personen

150 g Garnelenschwänze
1 kleine Zwiebel
1 Karotte
1 kleine Stange Stauden-
  sellerie
8 EL Olivenöl extra vergine
1 Lorbeerblatt
100 ml Weißwein
200 g Radicchio
100 ml Rotwein
400 g Risottoreis
1 Knoblauchzehe
1 Peperoncino
Curry
Salz

Die Garnelenschwänze schälen und zur Seite legen.
1/2 Zwiebel, die Karotte und
den Sellerie grob hacken und
in einer Pfanne mit 2 Eßlöffel
Olivenöl anbräunen. Das Lorbeerblatt, die Schalen der Garnelenschwänze, den Weißwein
und 1/2 Liter Wasser hinzufügen und 45 Minuten kochen.
In einer Pfanne die andere
Hälfte der Zwiebel, fein gehackt, mit 2 Eßlöffel Olivenöl
leicht anbräunen und den in
dünne Streifen geschnittenen
Radicchio dazugeben. Wenn er
zusammengefallen ist, den
Rotwein angießen und verdunsten lassen.

Der Reis kommt in die Mühle

Die Reisspelzen werden als Futter verwendet

Reis ist das Hauptnahrungsmittel für mehr als die Hälfte der Erdbe-völkerung. Keine andere Getreidesorte weist eine so günstige Zusammensetzung von Aminosäuren, Proteinen, Vitaminen und Mineralsalzen auf, und ihr delikater Geschmack erlaubt unendlich viele Zubereitungsarten. In Europa allerdings wurde der Reis lange nicht wahrgenommen. In der Bibel ist keine Rede von ihm, in Ägyp-ten und im alten Griechenland galt er als Medizin, und noch im Mit-telalter war er ein Luxusartikel und nur für die Tafeln der Reichen bestimmt.

Erst als der Herrscher von Mailand, der Renaissancefürst Ludovico »Il Moro« Sforza, Ende des 15. Jahrhunderts in großem Stil Reis in der Poebene anbauen ließ, verbreitete sich die Kultur der Reisfel-der bis Treviso und Padua und selbst bis in die Toskana. Die Gegend südlich von Verona war vormals ein Sumpfgebiet. Nur auf einem etwas höher liegenden trockenen Stück, dem *isolotto*, hatten Mön-che ein Kloster errichtet. Zu diesem gelangte man nur mit dem Boot und mußte mit Leitern hinaufsteigen. Mit dem Reisanbau und der regulierten Bewässerung verschwanden die Sümpfe, das Kloster lag auf dem Trockenen, und nur der Name blieb – Isola della Scala. So behaupten zumindest die lokalen Legenden.

Mit dem Reis und dem aus Amerika eingeführten Mais, und damit der Polenta, ruht die Küche des Veneto seitdem auf zwei soliden Standbeinen. In der Gegend um Verona wird traditionell der *via-lone nano* angebaut, der Lieblingsreis aller Freunde würziger *risotti*.

Laut und staubig: die jahrhundertealte Mühle

Den Reis in einem Topf mit 2 Eßlöffel Olivenöl glasieren, den Radicchio und den heißen Fischfond hinzufügen, vorsichtig verrühren und zugedeckt bei niedriger Hitze den Reis garen.

In einer Pfanne mit 2 Eßlöffel Olivenöl den fein gehackten Knoblauch leicht anbräunen, dann Peperoncino und die geschälten Garnelenschwänze dazugeben. Mit Salz und etwas Curry würzen, mit 1 Schuß Weißwein ablöschen und garen.

Wenn der Reis al dente ist, die Garnelen mit ihrem Sud hinzufügen, vorsichtig unterheben, einige Minuten nachziehen lassen und servieren.

Während des Kochens wird zuerst die äußere Schicht weich und durch ständiges Rühren der Risotto schön sämig. Der Kern behält seinen Biß, und alles ist, wie es sein soll – *all'onda e al dente*, weich und bißfest. Die Kochzeit beträgt 16–18 Minuten, der Reis nimmt dabei die doppelte Menge seines Volumens an Flüssigkeit auf.

Auch *arborio*, eine Vialone-Sorte mit sehr großem Korn, und der elegante *carnaroli* mit etwas länglichem Korn sind gesuchte Sorten. Letzterer ist besonders geeignet für die gelben *risotti alla milanese*, die mit Safran zubereitet werden. Seine Kochzeit liegt bei 15–17 Minuten oder – wie manche Köche rechnen – genau 14 Minuten, bis zur *mantecata*, dem Moment, ab dem man langsam Butterflocken und geriebenen Parmesan unterrührt, um dann den Topf vom Herd zu nehmen und den Reis zugedeckt noch ein bißchen nachziehen zu lassen. Leider findet man den *carnaroli* immer seltener, denn die Sorte hat nur einen geringen Ertrag und wird immer mehr durch moderne Reissorten verdrängt.

Auch die Reisbauern des Veroneser Umlandes hatten mit zunehmenden Absatzsorgen für ihren Qualitätsreis zu kämpfen. Da traf es sich gut, daß sie einen Rebellen, einen mit ungewöhnlichen Ideen, in ihren Reihen hatten. Gabriele Ferron fühlte sich zum Koch und nicht zum Reisbauern berufen. Er rückte von zu Hause aus und schlug sich mit Arbeiten in Restaurant- und Hotelküchen durch. Als er auf Bitten der Familie wieder zurückgekehrt war, war er es, der als erster verstand, daß man ein so regionales Produkt wie den Vialone-Nano-Reis einerseits schützen und andererseits erst einmal

Risotto all'isolana
Risotto nach lokaler Art

Für 4 Personen

60 g Butter
1 Rosmarinzweig
80 g Schweinelende
80 g Kalbfleisch
Salz, Pfeffer
1 cl Cognac
400 g Risottoreis
800 ml Gemüsebrühe
60 g geriebener Parmesan
1 Prise Zimt

Butter und Rosmarinzweig in eine Kasserolle geben und auf den Herd setzen. Wenn die geschmolzene Butter eine goldgelbe Farbe angenommen hat, den Rosmarinzweig entfernen, das in Würfel geschnittene Fleisch hinzugeben und anbraten. Salzen und pfeffern und mit Cognac ablöschen. Bei niedriger Hitze das Fleisch garen.
Fleisch herausnehmen und den Reis in die Kasserolle geben. Einige Minuten bei niedriger Hitze glasieren. Die kochende Brühe hinzufügen, vermischen und den Reis zugedeckt garen. Nach 10 Minuten die Fleischstücke dazugeben, aber nicht unterrühren, den Topf wieder zudecken. Wenn der Reis nach weiteren 5 Minuten al dente ist, den Topf vom Herd nehmen, Parmesan und Zimt unterrühren, einige Minuten zugedeckt ziehen lassen und servieren.

Selbst die Nudeln sind aus Reis

bekannt machen müsse. Deshalb gründete er 1979 eine Reisbauerngenossenschaft und propagierte an den Wochenenden die gute Reisküche. Er organisierte Kochkurse in seinem Haus oder ging in die Küchen verschiedener Restaurants. Einladungen kamen bald aus der ganzen Welt, selbst in China war sein Wissen gefragt, und japanische Köche fanden sich scharenweise bei seinen Kursen ein.

Die Genossenschaft erzeugt inzwischen ausschließlich nach den Vorgaben des biologischen Landbaus. Sie ist die einzige, die von der Europäischen Union anerkannt ist und deren Produkte seit 1997 durch eine geographische Herkunftsbezeichnung geschützt sind. Im Hause Ferron wurden neue Produkte entwickelt, vor allem köstliche Nudeln aus Reismehl. Für diese hat die Familie im Ort Isola della Scala einen eigenen Laden mit dem Namen »La Culla del Vialone Nano« eröffnet und mit einer umgebauten Scheune auf dem Bauernhof den notwendigen Platz für Gabrieles Kreativität geschaffen. So entstand zwar weder ein Ristorante noch eine Osteria del Riso – das würde den rasenden Reisbotschafter Gabriele dann doch zu sehr festlegen –, aber immerhin gibt es die Möglichkeit, sich mit mindestens 15 Personen anzumelden und sich vom Meister höchstpersönlich und vor aller Augen ein Degustationsmenü aus unterschiedlichsten Reisgerichten, natürlich inklusive Nachspeise, zubereiten zu lassen. Dazu gibt es Weine von Gabrieles Freund Russolo aus dem Veneto. Ein Besuch der alten Reismühle gehört natürlich ebenso mit dazu wie die Klärung der ewigen Frage, welches denn nun die einzig selig machende Art des Reiskochens sei. Soviel sei verraten: Die Wahrheit liegt, wie so oft, auf halbem Weg zwischen Asien und Europa.

Die alte Scheune: zum Experimentieren und Genießen

Tiramisu di riso
Tiramisu aus Reis

Für 4 Personen

1 1/2 l Milch
200 g Reis
7 Eier
7 EL Zucker
150 g Mascarpone
1 Zitrone
150 g Löffelbiskuits
Kaffee
Salz

In 1 Liter Milch den Reis mit 1 Stück Zitronenschale und 1 Prise Salz etwa 30 Minuten garen.
Die Eigelb mit dem Zucker schaumig schlagen, etwas geriebene Zitronenschale hinzufügen und mit der restlichen Milch bei niedriger Temperatur unter Rühren aufkochen. Diese Creme zum gekochten Reis geben und abkühlen lassen. Mascarpone und die steif geschlagenen Eiklar untermischen.
Löffelbiskuits in Kaffee eintunken (nach Geschmack einen Schuß Likör hinzugeben) und abwechselnd mit der Masse in eine flache Form schichten.
Mit Schokoladensplitter oder Kakaopulver bedecken und servieren.

71

Castelvecchio

Das Scaligerkastell

Der Weg der römischen Legionen nach Norden führte das Etschtal hinauf, in der Gegenrichtung erfolgte die Völkerwanderung nach Süden – das am Ausgang des Etschtales gelegene Verona ist Ort der Begegnung und des Zusammenstoßes der germanischen und der römischen Welt seit 2000 Jahren. Für die Römer hatte Oberitalien durch eine bittere Erfahrung eine wichtige Bedeutung bekommen. Hannibal war, um die Römer zu überraschen, mit seinen Truppen samt Elefanten über die Alpen gezogen und, mit Unterstützung der Kelten, von Norden in das Reich eingefallen. Seit ihrem endgültigen Sieg 187 v. Chr. haben die Römer die strategische Wichtigkeit dieser Region nie mehr aus den Augen verloren und Verona und seiner Provinz besondere Aufmerksamkeit geschenkt. Die Arena und die Stadttore, die Brücke Ponte Pietra und das Römische Theater zeugen noch davon.

Schon gegen Ende des 1. Jahrhunderts n. Chr. war Verona eine voll ausgebaute Stadt, die an der Kreuzung wichtiger Straßenverbindungen in Richtung Süd-Nord und West-Ost lag. Da wo heute das Castelvecchio liegt, liefen die Via Postumia und die Via Gallica zusammen. Durch den schönen Triumphbogen Arco dei Gavi lief die Straße, heute Corso Cavour, kerzengerade auf die Porta Borsari zu, die ebenfalls noch in Teilen erhalten ist. Sie führte über das Forum, jetzt Piazza delle Erbe, zum Scheitel des Etschbogens. Dort

Arco di Gavi

Brücke zum Castellvecchio

Abbildung auf Seite 72:
Bollito misto: das üppige
Leibgericht der Veroneser

Sugo di pomodoro
Tomatensauce

Für 4 Personen

10 Tomaten, vorzugsweise
   San Marzano
1 Zwiebel
1 EL Butter
2 EL Olivenöl extra vergine
1/2 Bund Basilikum
Salz, Pfeffer

Die Tomaten kurz in siedendes
Wasser eintauchen, schälen
und in Stücke schneiden. In
einer Pfanne mit Öl und Butter die kleingehackte Zwiebel
anbräunen, die Tomaten und
die Hälfte des Basilikums
dazugeben, salzen und etwa 15
Minuten kochen. Dann pfeffern und die restlichen Basilikumblätter hineingeben.

Sugo di fegatini
Hühnerlebersauce

Für 4 Personen

400 g Hühnerleber
100 g Butter
Salz, Pfeffer

Die Hühnerleber gut waschen,
trockentupfen und das Fett
entfernen. In einer Pfanne mit
der Butter 10–15 Minuten bei
niedriger Temperatur garen.
Salzen und pfeffern.

»Madonna Verona« auf der Piazza delle Erbe

überquerte sie mit einer nicht mehr vorhandenen Brücke hinter der heutigen Kirche Sant' Anastasia den Fluß und vereinigte sich mit der Via Claudia Augusta.

Doch bleiben wir vorerst noch außerhalb der antiken Stadtmauer am Castelvecchio. Cangrande II. della Scala, der vielgehaßte, ließ sich 1354–1356 diese Wohnburg bauen, um vor seinen eigenen Untertanen sicher zu sein. Vor dem Anschlag des eigenen Bruders konnten ihn die hohen Backsteinmauern aber nicht bewahren. Trotz unappetitlicher Erinnerungen an grausame und blutsaugende Despoten lieben die Veroneser bis heute das letzte Bauwerk der

Sugo di carne
Fleischsauce

Für 4 Personen

100 g gehacktes Rindfleisch
100 g gehacktes Kalbfleisch
1 Karotte
1 Stange Staudensellerie
1 kleine Zwiebel
1 EL Butter
2 EL Olivenöl extra vergine
1 Glas Rotwein
2 EL passierte Tomaten
Salz, Pfeffer

Karotte. Sellerie und Zwiebel klein hacken, in einer Pfanne mit Butter und Öl anbräunen. Das Fleisch dazugeben und stark anbraten und salzen. Den Wein angießen und verdunsten lassen, dann die passierten Tomaten hinzufügen. Bei kleiner Hitze etwa 15 Minuten köcheln lassen. Zum Schluß mit Pfeffer aus der Mühle würzen.

Salsa pearà
Pfeffersauce

Für 4 Personen

200 g Semmelbrösel
1 l Fleischbrühe
1 Knochenmark vom Rind
Salz, reichlich Pfeffer aus der
    Mühle

Alle Zutaten in einen Tontopf geben und bei kleinster Hitze 4–5 Stunden garen. Zwischendurch immer wieder umrühren, ohne mit dem Kochlöffel den Topfboden zu berühren.

Scaliger samt der ebenfalls mit Schwalbenschwanzzinnen bewehrten Etschbrücke, die 1375 fertig wurde. Die Burg selbst lockt mit einem sehr schönen Museum zur Veroneser Geschichte und der städtischen Pinakothek mit exquisiten Werken. Darunter eine Malerei von Pisanello, von dessen Hand sich nur zwei Tafeln erhalten haben, die zweite hängt in Sant' Anastasia, sowie Arbeiten von Bellini über Veronese und Tintoretto bis Tiepolo. Das Museum wurde in behutsam restaurierten Räumen eingerichtet, die der venezianische Architekt Paolo Scarpa in dem durch Bomben im Zweiten Weltkrieg arg mitgenommenen Innenhof neu entstehen ließ – in einer gelungenen Verbindung von Alt mit Glas und Beton.

Salsa verde
Grüne Sauce

Für 4 Personen

200 g Petersilie
100 g in Essig eingelegtes
    Gemüse (Mixed Pickles)
5 Sardellenfilets
Saft von 2 Zitronen
50 g in Salzlake eingelegte
    Kapern
50 ml Olivenöl extra vergine

Alle Zutaten sehr fein hacken
und verrühren oder im Mixer
pürieren.

Salsa di mostarda
Senffrüchtekompott

Für 4 Personen

200 g Früchte, noch etwas
    unreif und hart (Birnen,
    Aprikosen, Kirschen, Fei-
    gen, Trauben etc.)
200 g Zucker
2–3 Tropfen Senfextrakt (aus
    der Apotheke)

Die Früchte gegebenenfalls
schälen, in Stücke schneiden,
mit dem Zucker bedecken und
2 Tage ruhen lassen, bis der
Zucker flüssig geworden ist.
Obst herausnehmen und den
flüssigen Zucker bei kleinster
Hitze 15 Minuten etwas reduzieren. Das Obst wieder dazugeben und 30 Minuten
köcheln. Ein Einmachglas
damit füllen und den Senfextrakt dazugeben. Mit einem
Deckel verschließen und mindestens 5–6 Tage ruhen lassen.

Auf der Brücke treffen sich bei Sonnenuntergang die Romeos und Julias unserer Tage. Einheimische Feinschmecker finden an diesem zentralen und doch versteckten Rückzugsort vor dem Kastell noch die so angenehm diskrete Veroneser Gastlichkeit.

Napoleon hat den römischen Arco dei Gavi abtragen lassen, da er ihm die breite Prachtstraße verstellte. Zum Glück ließ er ihn nicht, wie so viele andere Kunstwerke aus Italien, nach Paris schleppen, sondern versetzte ihn nur 200 Meter, dekorativ nahe ans Etschufer. Besser hätte er das gar nicht arrangieren können, denn so haben heute die Gäste des Restaurants Locanda di Castelvecchio den besten Blick auf das antike Stück. Ursprünglich profitierten von dieser neuen Aussicht die Kunden der uralten Locanda, einer Station, wo die Kutscher ihre Pferde wechselten und Reisende essen oder ihre anstrengende Reise unterbrechen und übernachten konnten. In unserem Jahrhundert wurde der Pferdewechsel immer überflüssiger, das Essen dagegen immer wichtiger. Zwei Schwestern kochten sich hier draußen vor den Mauern in das Herz der Veroneser Bürger, und die Trattoria dalle Sorelle Villi wurde eine feste Etappe auf vielen Sonntagsspaziergängen entlang des Flusses.

Doch die Schwestern und die Sonntagsausflügler waren längst Vergangenheit, als zu Beginn der neunziger Jahre Nando Bordini das Lokal übernommen und nach seinem Geschmack völlig neu konzipiert hat. Die Bürger, die eine traditionelle Veroneser Küche zu schätzen wissen, gibt es immer noch, und für sie hat Nando sein kulinarisches Versteck geschaffen – vornehm und unauffällig, bescheiden, ohne ärmlich zu sein, genau so, wie man es im bis ins Mark konservativen katholischen Verona zu schätzen weiß.

Entsprechend ist die Küche. Schon immer hat man in Verona als Fest- oder Sonntagsmahl nach *tagliatelle* mit verschiedenen Saucen das berühmte *bollito con la pearà* und die famosen *arrosti* gegessen. Was uns heute als Ausgeburt an Üppigkeit und Überfluß erscheinen mag, ist eigentlich ein ehemaliges Armeleuteessen. Die weniger wertvollen Stücke der Schlachttiere wie Kopf, Füße oder Zunge werden bis heute zu einem echten Veroneser *bollito* verwendet. Richtig zubereitet und mit den geeigneten Saucen gegessen, sind sie eine Freude für jeden Feinschmecker.

Nando und seine flinke, junge Mannschaft servieren als ersten Gang hausgemachte *tagliatelle* mit folgenden vier Saucen: *pomodoro, ragù, sugo di fegatini di pollo* und *sugo stagionale,* d.h. mit Tomaten- und Fleischsauce und einer Sauce aus Hühnerleber und einer mit saisonfrischen Gemüsen wie Erbsen oder Spargel im Frühjahr oder Radicchio bzw. Pilzen im Herbst – ein Vergnügen, die Nudeln in immer neuen Varianten selbst abschmecken zu können. Danach rollt majestätisch der *carrello* an, der Servierwagen mit dem ausgesuchten Fleisch, das für ein gutes *bollito* immer gut durchwachsen

Besitzer Nando am üppig beladenen carello

sein muß. Es wird 2–3 Stunden in einer Brühe aus Wurzelgemüse gegart. Das Fleisch kocht man getrennt von der gepökelten Zunge und dem *cotechino,* der halbfesten, würzigen Schlackwurst aus abgeschältem Schweinefleisch mit Speck und Schwarten. Nach und nach werden die verschiedenen fertigen Stücke aus der Brühe genommen und warm gehalten. Dazu gibt es *cren,* den frisch geriebenen Meerrettich, der seit österreichischer Zeit unter seinem alpinen Namen in Norditalien zu Hause ist, die berühmte *salsa verde* aus verschiedenen gehackten Kräutern, die *mostarda,* die Senffrüchte, und die *pearà,* die typischste aller Veroneser Saucen, deren Name von *pepata,* gepfeffert, kommt, einer sehr teuren Zutat, die sich nur reiche Stadtbürger leisten konnten und die mit altbackenem Brot und Knochenmark gemacht wird.

Oste Scuro

Vom Castelvecchio sind es nur wenige Gehminuten zur romanischen Basilika von San Zeno Maggiore, eine der schönsten Kirchen Italiens. Im Mittelalter stand hier ein ausgedehntes Benediktinerkloster, das noch im Jahre 1630 zum Deutschen Reich gehörte. Deshalb haben die Kaiser hier häufig Station gemacht. Und im Kreuzgang findet man noch heute Gräber von Angehörigen alter deutscher Familien. Neben dem 1459 fertiggestellten Altarbild von Andrea Mantegna zieht vor allem das Eingangsportal die Kunstreisenden an. Es ist mit 48 Bronzereliefs unbekannter Meister aus der Zeit zu Beginn und gegen Ende des 12. Jahrhunderts geschmückt, die mit großer Detailverliebtheit vorwiegend biblische Szenen, aber auch wichtige Momente aus dem Leben des heiligen Zeno zeigen. In der Kirche finden wir eine Marmorstatue eines lachenden Mohren. Auch sie stellt den Titelheiligen dar, Veronas Stadtpatron San Zeno, einen Santo Scuro, einen dunklen Heiligen sozusagen. Er kam aus Afrika und ist 380 n. Chr. als Bischof der Stadt gestorben. Man darf gespannt sein, wann es den nächsten schwarzen Bischof in dieser pechrabenschwarzen Gegend geben wird.

Da viele Legenden davon berichten, wie gerne San Zeno seine Angelrute in die vorbeifließende Etsch hing, und da in Verona bis dato ein ausgesprochenes Fischrestaurant fehlte, haben sich einige Freunde des gut gekochten Fisches unter dem Patronat des Heiligen zusammengetan und im April 1998 die uralte »Osteria Oste Scuro« wieder eröffnet. Sie liegt in einer engen Gasse genau an der Grenze zwischen dem noblen Wohngebiet von Castelvecchio und dem Viertel San Zeno, in dem schon immer die einfachen Leute wohnten. In ähnlich kontrastreichem Zusammentreffen lagert unter der Gaststube in unterirdischen Gängen, die bis zur Scaligerburg hinüberführen, gut gekühlt der alte Wein, und oben auf den Tellern herrscht die lebendige tägliche Frische leichter Fischgerichte, die zu fast volkstümlichen Preisen angeboten werden.

Bronzerelief am Portal von San Zeno

Einer Osteria angemessen werden die Fische zubereitet – einfach und geradeaus, ohne unnütze Verzierungen und geschmackliche Entfremdungen. Schule machen sollte die Sorgfalt der Auswahl der marktfrischen Zutaten, ihre minimalistische Zubereitung und ihre freudige Präsentation. Seien es die absolut frischen, roh marinierten Scampi, die den sizilianisch bunten Teller zieren, oder das sympathische Chaos einer gemischten Fischvorspeise, die Auge und Gaumen mit vielen Reizen kitzelt, oder sei es die simple und gleichzeitig

Abbildung auf Seite 78:
Die Basilika San Zeno

Tartara di salmone e dentice
Tatar aus Lachs und Zahnbrasse

Für 4 Personen

500 g Lachsfilet
500 g Zahnbrassenfilet
1/2 Gurke
50 g Kapern
2 Sardellen, in Öl eingelegt
4 EL Olivenöl extra vergine
Saft von 1/2 Zitrone
1/2 Bund Basilikum
Salz, Pfeffer
verschiedene Salate
8 Kirschtomaten

Die Lachsfilets (ohne Haut) durch den Fleischwolf drehen. Die Gurke schälen und mit den Sardellen und den Kapern klein hacken und mit dem Lachs vermengen. Mit 2 Eßlöffel Olivenöl, der Hälfte des Zitronensaftes, Salz und Pfeffer anmachen.

Die Zahnbrassenfilets durch den Fleischwolf drehen, das kleingeschnittene Basilikum hinzugeben und mit Olivenöl, Zitronensaft, Salz und Pfeffer würzen. Die Salatblätter auf die Teller verteilen, 2 Klöße Lachstatar und 1 Kloß Zahnbrassentatar dazugeben und mit den Kirschtomaten garnieren.

Ausgesuchte Köstlichkeiten: Antipasti di mare

geniale Zubereitung eines *pesce al sale,* eines Fisches in der Salzkruste – überall dominiert der einfache, gute Geschmack.

Für die geschmackliche Klarheit der Gerichte bürgen die beiden Köche unter den Teilhabern, Elia Rizzo, Besitzer des Ristorante Desco in Verona, und Giancarlo Perbellini, Besitzer des gleichnamigen Restaurants in Isola Rizza, außerhalb der Stadt. Für die geschmackvolle Restaurierung des alten Gemäuers und die mediterrane Innenausstattung war der Dritte im Bunde zuständig, der Kunstschreiner Remo Pasquini, der ein Ambiente schuf, das die Ita-

Branzino al sale
Wolfsbarsch in Salzkruste

Für 4 Personen

1 Wolfsbarsch (ca. 1 kg)
6 Eiklar
Majoran
Thymian
Estragon
Dill
1 EL Olivenöl
2 kg grobes Meersalz
500 g Salz

Den Schwanz vom Fisch abtrennen und den Bauch mit den Kräutern füllen. In einer Schüssel das grobe und das feine Salz mit dem Eiklar vermengen. Ein Backblech mit Backpapier auslegen, mit Öl einfetten und mit einer Schicht Salz bedecken. Den Fisch darauflegen und mit dem restlichen Salz gut zudecken. Im vorgeheizten Ofen bei 200 Grad 20 Minuten garen. Herausnehmen, die Salzkruste brechen und den Fisch portionieren.

liener »accogliente« nennen, ein Begriff, den nur Banausen mit gemütlich übersetzen und der durch die farbenfrohen Bilder des jungen Veroneser Malers Andrea Padovani so schön kommentiert wird. Und ganz nach dem Geschmack des schnell eroberten Publikums ist die zurückhaltende Freundlichkeit und Kompetenz von Stefano Scanderla, der das Lokal leitet.

Risotto al nero di seppia
Tintenfischrisotto

Für 4 Personen

800 g Tintenfisch mit Tinten-
    beuteln
100 g rote Zwiebeln
2 Salbeiblätter
4 EL Olivenöl extra vergine
1/4 l Weißwein
1 l Fischfond
400 g Risottoreis
60 g Butter
Tabasco
Salz, Pfeffer

Die Tintenfische putzen und
in Streifen schneiden, dabei
die Beutel mit der Tinte auf
die Seite legen.
Zwiebel und Salbei fein hacken
und mit 2 Eßlöffel Olivenöl
anbräunen. Die Tintenfische
dazugeben, anbraten und vom
Herd nehmen.
Die Beutel mit der Tinte in ein
feinmaschiges Sieb geben und
über die Pfanne halten. Mit
einer Schere die Beutel öffnen. Wein und etwas Fischfond durch das Sieb in die
Pfanne fließen lassen, dabei
mit einem Löffel die Tinten-
beutel zerdrücken, bis die Tintenfische bedeckt sind. Die
Flüssigkeit bei kleiner Hitze
etwas reduzieren, salzen und
pfeffern.
In einer Kasserolle den Reis
mit 1 Eßlöffel Butter glasieren,
mit dem restlichen Fischfond
bedecken und 15 Minuten
garen lassen. Die Tintenfische
mit der Sauce hinzufügen, gut
vermischen. Vom Herd neh-
men und 50 Gramm Butter,
2 Eßlöffel Olivenöl und einige
Tropfen Tabasco unterrühren.
Mit frisch gemahlenem Pfeffer
servieren.

Frischer geht's nicht: rohe Scampi mariniert

Semifreddo con salsa d'arancio
Halbgefrorenes mit Orangensauce

Für 4 Portionen

Für das Halbgefrorene:

100 g Zucker
2 Eiklar
200 g Sahne
80 g Amaretti
1 cl Amaretto

Für die Sauce:

200 g Zucker
1 Orange

Für das Halbgefrorene den Zucker mit 30 Milliliter Wasser verrühren und auf 120 Grad erhitzen. Eiklar in einer Schüssel steif schlagen und den Sirup langsam dazugeben. Weiter schlagen, bis die Masse kalt ist. Die Sahne schlagen und unterheben. Amaretti zerkleinern und mit Amaretto hinzufügen. Die Masse in kleine Formen verteilen und im Tiefkühlfach anfrieren. Für die Sauce 100 Milliliter Wasser mit dem Zucker aufkochen. Den Saft und die in dünne Streifen geschnittene Schale der Orange dazugeben. 10 Minuten kochen, abkühlen lassen und mit dem gestürzten Halbgefrorenen servieren.

Inhaber Stefano Scanderla

83

Tre Marchetti

Diokletian war der letzte große Heidenkaiser und Christenverfolger Roms, der erstaunliche 20 Jahre lang regierte und sich, völlig ungewöhnlich, rechtzeitig von den Regierungsgeschäften zurückzog, um friedlich im eigenen Bett und nicht durch Mörderhand zu sterben. Er ließ die Arena von Verona im 1. Jahrhundert n. Chr. erbauen. Er war es auch, der am 17.11.303 beim letzten regulären Triumphzug, den Rom veranstaltete, um den Sieg über die Perser zu feiern, seinen Triumphwagen von einem Elefantengespann ziehen ließ. Man nannte Gajus Aurelius Valerius Diocletianus eine der kompliziertesten Gestalten der Weltgeschichte, einen Charakter mit unglaublich vielen Lichtern und Zwielichtern, eine kluge Mischung von Großzügigkeit und Sparsamkeit, von Milde und Härte, beharrlich und doch wendig, der die große Kunst beherrschte, die eigenen Leidenschaften wie die der anderen den Zielen seines Ehrgeizes unterzuordnen.

Ähnlich läßt sich der typische Charakter der Veroneser beschreiben, die ihren wirtschaftlichen Erfolg zu großen Teilen ihrer klugen Zurückhaltung und der geschickten Nutzung ihrer geographischen Lage und der die Geschichte überdauerten Gebäude, allen voran der Arena, verdanken. Auf dem Gebiet des Weines hat sich mit der »Vinitaly« in den letzten Jahren die herausragende Weinmesse des Landes in der Stadt angesiedelt. Italiens Opernhäuser bringen es pro Jahr immer noch auf stattliche zwei Millionen Besucher. Jeder vierte hört die Singspiele allerdings gar nicht in Häusern, sondern unter freiem Himmel – in eben jener Arena von Verona, die deshalb zu Recht den Titel der erfolgreichsten Opernbühne der Welt für sich beansprucht.

Die Opern werden in Verona als ein Fest für alle Sinne inszeniert, viel wird für viele von vielen in Szene gesetzt. Für die asketische Schmalbrüstigkeit vergeistigter Avantgarde ist da kein Durchkommen. Unten wird auf gepolsterten Stühlen mit grimmiger Entschlossenheit Hochkultur genossen, oben genießen Italiens Großfamilien neben Mama und Papa, die mit dem bunten Bus aus Oberhausen gekommen sind, die warmen Steinstufen und die mitgebrachte Brotzeit, hie Salami, da Graubrotstullen. Und zusammen genießen sie jeden unvorhersehbaren Beitrag unbezahlter Statisten, seien es die Katzen von Verona, die sich in der Arena zu einem nächtlichen Stelldichein verabredet haben, seien es Zuschauer, die eine Gelegenheit wie hier nicht vorübergehen lassen können, um

Abbildung auf Seite 84:
Blick von der Arena in die
Via Tre Marchetti

Gnocchi con la pastissada de caval
Gnocchi mit Pferdefleischragout

Für 4 Personen

Für den Teig:

500 g mehlige Kartoffeln
150 g Mehl
1 Ei
Salz

Für die Sauce:

500 g Pferdefleisch (oder
    Rindfleisch)
500 g Zwiebeln
1 Karotte
3 EL Olivenöl extra vergine
1 TL Butter
1/2 l Amarone (oder ein
    anderer Rotwein)
1 Lorbeerblatt
2 Gewürznelken
Paprikapulver
Salz, Pfeffer

Die Kartoffeln kochen, schälen und mit der Gabel zerdrücken. Mehl, Ei und etwas Salz untermischen und auf einer bemehlten Unterlage kneten, bis ein glatter, fester Teig entstanden ist. Diesen zu langen fingerdicken Rollen formen und dann in 2 Zentimeter lange Stücke schneiden und über die Rückseite einer Käsereibe rollen, um eine strukturierte Oberfläche zu erhalten, so daß die Sauce besser aufgenommen wird.
Zwiebeln und Karotte in Stücke schneiden und in einer

einmal mit was auch immer von so viel Publikum wahrgenommen zu werden. Und alle haben Angst vor einem jener Gewitter, die sich zur Sommerszeit tagsüber gerne in den Alpen verstecken, um sich dann am späten Abend über der Riesenschüssel, in der die Zuschauer gerade ihre Kerzen angezündet haben, mit aller Kraft zu entladen.

Die Arena, das zweitgrößte noch erhaltene römische Amphitheater, faßt pro Abend 22 000 Menschen, und kaum einer der Zuschauer will mit leerem Magen in die lange Musiknacht starten, die um 21.00 Uhr beginnt. Der arbeitende Teil des Spektakels, Sängerinnen, Sänger, Orchestermusiker und zahllose Statisten, bevorzugt ein Abendessen nach der Vorstellung. Auch das kommt den geschäftstüchtigen Veronesern nicht ungelegen. Es hat sich, mit für Italien völlig ungewohnter Flexibilität, die schöne Tradition herausgebildet, daß in vielen Restaurants rechtzeitig vor der Aufführung die Tische gedeckt und die Küchen einsatzbereit sind. Jeder, der den Gaumen- dem Ohrenschmaus vorzieht, kann anschließend in aller Ruhe speisen und dann, zu später Stunde, noch allerlei Bühnenprominenz mit einem Gläschen Dessertwein zuprosten.

Es gibt in ganz Verona kein Lokal, das günstiger zum Ort des musikalischen Geschehens liegt als das Tre Marchetti. Die antike Osteria existiert ununterbrochen seit dem 15. Jahrhundert. Den heutigen Namen erhielt sie, als man bei einem Umbau drei alte Münzen in den Mauern fand, *marchetti di San Marco*, venezianische Münzen, denen vielleicht auch unsere Deutsche Mark ihren Namen verdankt. »Und mit dreien dieser Münzen erstand man damals ein stattliches Mal inklusive Wein«, wie der Hausherr Roberto Barca augenzwinkernd hinzufügt.

Herzhafte Vorspeisen mit weißer und gelber Polenta

Die regional typischen Bigoli werden in Entenbrühe gekocht

Kasserolle mit Öl und Butter anbraten. Das Pferdefleisch gewürfelt hinzugeben und bei niedriger Temperatur schmoren.

Nach etwa 30 Minuten den Wein angießen und die Gewürze hinzufügen. Mit Paprikapulver, Salz und Pfeffer abschmecken. Weitere 15 Minuten schmoren lassen, dann das Gemüse herausnehmen und durch ein Sieb passieren. Wenn sich das Fleisch faserig auflöst, das passierte Gemüse wieder dazumischen und zu einer sämigen Sauce verrühren.

Die Gnocchi portionsweise in kochendes Salzwasser geben. Wenn sie an die Oberfläche steigen mit einer Schaumkelle herausnehmen, mit der Sauce vermischen und servieren.

Piccioni al profumo di tartufo
Tauben mit Trüffel

Für 4 Personen

4 Tauben
160 g gehacktes Kalbfleisch
1 Eigelb
30 g schwarze Trüffel
4 Scheiben Speck
1 Glas Weißwein
3 EL Olivenöl extra vergine
Salz, Pfeffer

Die Lebern der Tauben klein hacken, mit dem Kalbfleisch, dem Eigelb und der geriebenen Trüffel vermischen. Salzen und pfeffern und die Tauben damit füllen. Jede Taube salzen und pfeffern und mit 1 Scheibe Speck umwickeln. In eine Kasserolle mit Öl legen und im vorgeheizten Ofen bei 180 Grad garen. Nach 25 Minuten mit Weißwein übergießen und weitere 15 Minuten garen.

87

Frítole
Venezianische Krapfen

400 g Mehl
3 Eier
10 EL Zucker
1 Prise Salz
100 g Rosinen
2 Äpfel
1 Zitrone
20 g Bierhefe
1 cl Grappa
1 Glas Milch
1 l Samenöl

Mehl, Eier und 6 Eßlöffel Zucker in einer Schüssel vermischen und leicht salzen. Die Rosinen dazugeben. Die Äpfel schälen und reiben, mit den Rosinen und der geriebenen Zitronenschale dazugeben. Mit einem Holzlöffel gut vermengen, die in etwas warmem Wasser aufgelöste Bierhefe und die Grappa hinzufügen und 20 Minuten zugedeckt an einem warmen Platz ruhen lassen.
Den Teig löffelweise ins heiße Öl geben, und wenn die Bällchen goldgelb sind, herausnehmen und auf Küchenpapier abtropfen lassen. Mit dem restlichen Zucker bestreuen und warm servieren.

Heute stehen andere Zahlen auf der Rechnung. Auf den Tellern finden sich aber noch immer die Gerichte einer typischen Veroneser Osteria – *antipasti misti con luganeghe, sopressa, musetto e polenta con funghi,* eine typische Wurstvorspeise mit Polenta und Pilzen, *gnocchi con la pastissada,* die klassischen Kartoffelnocken mit Pferdefleisch in Amarone gekocht, *bigoli all'anatra,* die hausgemachten dicken Spaghetti, die in Entenbrühe gekocht und mit Entensauce serviert werden, oder das beliebte gefüllte Täubchen, *piccione ripieno. Gnocchi* sind eine originär Veroneser Erfindung und haben nach 400 Jahren Geschichte als Nockerln Eingang in die Küche der österreichischen Besatzer gefunden. Ursprünglich wurden sie zum Karneval zubereitet, wovon heute noch eine große Steinplatte zeugt, die unbeachtet neben der Kirche San Zeno liegt. Auf ihr haben flinke Frauenhände jahrhundertelang die schmackhaften Kartoffelröllchen geformt, die für die Armen des Viertels San Zeno gekocht wurden. In der Karnevalszeit verteilt der »Papa del Gnoco« noch heute großzügig Gnocchi in den Straßen der Altstadt. Nach wie vor werden in Verona Gnocchi gerne mit der *pastissada* gegessen, einer dicken Fleischsauce, die aus weit weniger lustigen Zeiten stammt. Verona konnte im 5. nachchristlichen Jahrhundert erst nach langer Belagerung den Angreifer Odoaker überwinden. Für die ausgehungerte Bevölkerung war der lang entbehrte Fleischgenuß ein wahres Überlebensfest, auch wenn man nur auf die zähen Schlachtrösser zurückgreifen konnte. Man hat den Braten eben stundenlang in Rotwein geschmort, und dabei ist es bis heute geblieben.

Alle Zutaten, die in Robertos Küche verwendet werden, kommen von kleinen lokalen Produzenten, die Nudeln aus Valeggio sul Mincio, die Würste aus Povegliano. Nach allen Regeln der Kunst wer-

Köchin Claudia Salvagno

den diese Köstlichkeiten von Roberto vermarktet. Seinem Charme und seiner Gastfreundlichkeit erliegen alle ohne Widerstand, vor allem die großen Tenöre, die schon immer gerne gegessen haben. Aus beruflichen Gründen, versteht sich, denn da aus Veronas akustisch schwierigem Orchestergraben, nichts Feinklingendes, kein Pianissimo aufsteigen kann, so soll das zumindest durch die vollen Töne wettgemacht werden, die aus den wohlgenährten Resonanzkörpern einiger Sänger hervorquellen. Auch unter Orchestermusikern und sonstigen Musikfreunden soll es ja eine ganze Anzahl von Träumern geben, die sich immer deutlicher für eine gute Küche interessieren, denn hat nicht auch Rossini das Komponieren für das Kochen aufgegeben? Und da sich Liebe zur Musik und zur Küche schon seit einiger Zeit so erfolgreich mit guten Geschäften vermählen läßt, hatte Placido Domingo die lockende Idee, Roberto solle sein mexikanisches Restaurant in New York, das mäßige Geschäfte macht, in eine italienische Goldgrube verwandeln.

Das Angebot hat zwar den Geschäftsmann Roberto Barca interessiert und einige Zeit seine Phantasie beschäftigt, der Gastgeber Roberto aber, der mit herzlich jovialer Art sein kleines Restaurant mit 50 Plätzen zusammen mit Ehefrau und Sohn betreibt, der konnte sich nicht losreißen. Und so stellt er weiter zur Festspielzeit ab 17.00 Uhr alles auf den Tisch, was Köchin Claudia Salvagno, eine echte Tochter Veronas, hinten in der Küche mit unerschütterlicher Verläßlichkeit zubereitet, und freut sich wie ein Kind, wenn einer seiner Gäste seine riesige Kollektion an Hosenträgern um ein weiteres Stück bereichert oder wenn, wie kürzlich passiert, Placido Domingo und José Carreras am späten Abend noch vor seiner Tür auftauchen und, im Duett singend, um Zutritt bitten.

La Fontanina

Stadtteil Santo Stefano

Alle Welt fährt wegen der berühmten Arena nach Verona. Die ebenfalls imponierenden Reste des Römischen Theaters jenseits der Etsch aus der ersten Hälfte des 1. Jahrhunderts n. Chr. sind jedoch nahezu unbekannt. Selbst Goethe ahnte nichts von ihnen, denn das Theater war bis ins 19. Jahrhundert mit Wohnhäusern völlig überbaut und blieb auch geübten archäologischen Blicken verborgen. Heute sind die wieder freigelegten Ruinen über die ebenfalls aus der Antike stammende Ponte Pietra, die steinerne Brücke, von der Stadt her leicht zu Fuß zu erreichen. Die beweglichen römischen Ausgrabungsstücke haben einen Stock höher, im archäologischen Museum, das im ehemaligen Kloster San Girolamo untergebracht ist, eine würdige Bleibe gefunden.

Wie bei den griechischen Vorbildern wurden im Teatro Romano von Verona die akustischen und geographischen Gegebenheiten genutzt und die *cavea*, die Stufenreihen des Zuschauerraums, in den Hügel gegraben und oben mit einer Bogengalerie abgeschlossen. Hinter der Bühne stand ein teilweise noch erhaltener architektonischer Bühnenhintergrund, der mit Statuen geschmückt war und an dessen Seiten sich die großartig überbauten Eingangstore befanden. Heute bildet bei den sommerlichen Theateraufführungen, bei Jazzkonzerten oder Ballett die reale Stadtkulisse den nicht weniger dekorativen Hintergrund, und, wen wundert's, 1998 feierte man zwischen den alten Steinen die fünfzigste Saison des Shakespeare-Festivals mit »Romeo und Julia«, aufgeführt von der Royal Shakespeare Company.

Für Liebespaare von heute und das individualistische Publikum, das anstatt in der Arena lieber im Römischen Theater die schönen, lauen Sommerabende verbringt, ist »La Fontanina« wie maßgeschneidert. Nur wenige Schritte hinter dem Theater schmiegt sich an die Flanke desselben Hügels der eigenwillige Stadtteil Santo Stefano, der entfernt an Montmartre erinnert – ein eigenes Dorf innerhalb der Stadt. Es überrascht nicht, hier auf dieses so durchweg sympathische kleine Restaurant zu stoßen. Die Gemütlichkeit der alten Weinschenke ist geblieben, der Blick auf Wein- und Speisekarte verheißt jedoch weitergehende Freuden. La Fontanina ist eines jener perfekt gelungenen Lokale, wie sie nur durch das richtige Gespür und den Optimismus junger Leute entstehen können. Nicola Tapparini und seine Frau Marta haben die alte verräucherte Osteria, in der sich die Männer des Viertels trafen, mit neuem

Liebevoll gedeckt von Besitzerin Marta Tapparini

Abbildung auf Seite 90: Jenseits der Ponte Pietra: das Römische Theater

Besitzer Nicola Tapparini kümmert sich um den Service

Agnolotti con spuma di grana e tartufo nero in fonduta di pecorino

Teigtaschen mit Parmesanschaum und schwarzer Trüffel auf Schafskäse

Für 4 Personen

Für den Teig:

400 g Mehl
3 Eier
Salz

Für die Füllung:

200 ml Milch
200 g Sahne
50 g Mehl
200 g geriebener Parmesan
50 g schwarze Trüffel
1 Ei
2 EL Butter
Salz, Pfeffer

Für die Sauce:

500 g milder Schafskäse
1/2 l Milch
Salz

Für die Teigtaschen das Mehl mit den Eiern, etwas Wasser und Salz gut durchkneten. Den Teig zugedeckt 1 Stunde ruhen lassen.
Für die Füllung Milch und Sahne aufkochen, das gesiebte Mehl nach und nach hinzufü-

Leben gefüllt. Blitzblanke weiße Tischwäsche ist nicht deplaziert, sie kontrastiert reizvoll mit dem von Jahrhunderten geschwärzten Holz. Die köstlich leichten Gerichte vertreiben jeden Anklang an aufgesetzte Rustikalität.

Diese entwirft Nicola zusammen mit Koch Michele Motta, kulinarische Texte und wahre Liebesgedichte an die Jahreszeiten, die jede Woche neu auf der Speisekarte angekündigt werden und auf den Tellern zur Aufführung kommen. Und das klingt in etwa so: als *piatti d'entrata* gibt es eine *composizione marinata di spada agli agrumi e rollè di salmone all'erba cipollina*, in Zitronen- und Orangensaft marinierten Schwertfisch mit Lachsröllchen mit Schnittlauch, *sformato di melanzane e zucchine con provola affumicata su passata di pomodoro*, einen Auberginen- und Zucchiniauflauf mit

Auch Küchenchef Michele Motta liebt den Veroneser Wein

92

Räucherkäse auf passierten Tomaten, eine *insalatina agrodolce con pancetta croccante, uova di quaglia e scaglie di tartufo nero,* süßsauer angemachten Salat mit Bauchspeck, Wachtelei und schwarzer Trüffel, ein *carpaccio di manzo con rucola, grana, porcini e battuto aromatico,* Rindercarpaccio mit Rucola, Hartkäse, Steinpilzen und Kräutern, oder eine ausgefallene *fois gras d'anatra marinato con recioto bianco con insalatina di frutti di bosco,* in weißem Recioto marinierte Entenleber mit Waldbeeren. Weiter geht es *risotto di scampi e fiori di zucchina,* Risotto mit Scampi und Zucchiniblüten, oder mit Nudelgerichten wie *tagliolini neri con la granseola,* schwarze Tagliolini mit Meeresspinne, *agnolotti con spuma di grana padano e tartufo nero su fonduta di pecorino dolce,* Teigtaschen mit Parmesanschaum und schwarzem Trüffel auf geschmolzenem frischen Schafskäse, oder *ravioli di melanzane, zucchine e formaggio*

gen, anschließend den Parmesan, dann die Hälfte der Trüffel darüberreiben. Salzen und pfeffern. Das Ei verquirlen und dazugeben, mischen und abkühlen lassen, bis die Masse kompakt ist.

Den Teig dünn ausrollen, mit dem Teigrad große Quadrate ausschneiden, 1 Teelöffel Füllung auf jedes Quadrat geben, zu Teigtaschen zusammenklappen und Ränder gut verschließen. In reichlich Salzwasser 3–5 Minuten kochen, gut abtropfen lassen und in einer Pfanne mit der geschmolzenen Butter und einigen Trüffelspänen wenden. Für die Sauce den in Stücke geschnittenen Schafskäse in heißer Milch schmelzen, leicht salzen und alles im Mixer schaumig schlagen. Die Sauce auf die vorgewärmten Teller verteilen, die Teigtaschen dazugeben, mit geriebenem Parmesan und Trüffelspänen servieren.

Fois gras alla Italiana

Filetto di manzo al sedano bianco, zucchine, patate e pomodorini al basilico

Rinderfilet mit Sellerie, Zucchini, Kartoffeln und Kirschtomaten mit Basilikum

Für 4 Personen

1 Sellerieknolle
3 mittelgroße Kartoffeln
3 Zucchini
4 Rinderfiletscheiben à 150 g
4 EL Olivenöl extra vergine
300 g Kirschtomaten
1 Bund Basilikum
Salz, Pfeffer

Das Gemüse in Stücke schneiden und in siedendem Salzwasser al dente kochen. Die Kirschtomaten halbieren.
In einer Kasserolle die Rinderfilets auf beiden Seiten in Olivenöl anbraten, salzen und pfeffern. Das gekochte Gemüse, die Kirschtomaten und die Hälfte des Basilikums dazugeben. 5 Minuten garen. Mit dem Gemüse, dem Fleischfond und dem restlichen Basilikum servieren.

di capra al profumo di timo, den mit Auberginen, Zucchini und Ziegenkäse gefüllten Ravioli mit Thymianbutter.

Natürlich hat man auch mit den Hauptspeisen seine liebe Not, denn man muß sich erst einmal entscheiden, ob man einen kleinen Fischgang einlegen möchte wie *pesce del giorno con mantello di porcini*, tagesfrischen Fisch im Steinpilzmantel, ein *guazzetto ai frutti di mare al profumo di basilico*, gedämpfte Meeresfrüchte mit Basilikum, oder *insalatina tiepida d'astice in salsa mediterranea o in salsa catalana*, einen lauwarmen Hummersalat, wahlweise mit Kräuter- oder mit einer Sauce aus frischen Tomaten, oder sich gleich auf die herrlichen Fleischgerichte konzentrieren will. Da bieten sich *nocette di cervo glassate all'aceto balsamico, miele e rosmarino con mostarda* an, Hirschfilets, glasiert mit Balsamessig, Honig und Rosmarin, serviert mit Senffrüchten, *insalatina d'agnello con pinoli, uvetta, cedro candito e scaglie di tartufo nero*, Lammsalat mit Pinienkernen, Rosinen, kandierten Zitronatszitronen und schwarzen Trüffelsplittern, oder *filetto di manzo al sedano bianco di Verona*, Rinderfilet mit dem in Italien fast nur in Verona verwendeten und hier angebauten Knollensellerie.

Und wer klug genug war und sich noch etwas Platz für die Nachspeise freigehalten hat, kann selbstverständlich auch hier unter einem reichen Angebot auswählen. Der Einfachheit halber kann man aber auch *zaleti con salsa zabaione*, ein typisch venezianisches, trockenes Gebäck aus Maismehl mit einer Zabaionecreme bestellen. Man sollte es aber unter keinen Umständen versäumen, sich aus Nicolas ausgezeichnetem Weinsortiment einen der großartigen

Zaleti con salsa zabaione
Maisgebäck mit Zabaionesauce

Für 4 Personen

1/2 l Milch
200 g Zucker
Salz
300 g Maismehl
100 g Weizenmehl
100 g Butter
5 Eier
150 g Pinienkerne
150 g Rosinen
10 g geriebene Zitronen-
   schale
1 Vanillestange
1 Tüte Backpulver

Für die Sauce:

5 Eigelb
30 g Zucker
100 ml Eierlikör

15 g Puderzucker

Die Milch erhitzen, Zucker und Salz hinzufügen, und wenn sie aufkocht, beide Mehlsorten unter Rühren hineinsieben. Vom Herd nehmen und in eine Schüssel geben. Die anderen Zutaten untermischen. Mit einem eingefetteten Löffel Plätzchen formen und sie im vorgeheizten Ofen bei 200 Grad 30 Minuten backen.
Für die Sauce Eigelb mit Zucker schaumig schlagen, bis die Creme fast weiß ist. Eierlikör dazurühren. Im Wasserbad unter ständigem Rühren mit dem Schneebesen aufwärmen, bis eine dickflüssige Creme entsteht. Aus dem Wasserbad nehmen und in kaltes Wasser stellen. Weiter rühren und die Creme etwas abkühlen lassen. Die noch warmen zaleti mit Puderzucker bestreuen und mit der Zabaionesauce servieren.

Dessertweine des Veneto empfehlen zu lassen, sei es einen Recioto Monte Lodoletta oder sein weißes Gegenstück, den Nettare, beide aus dem Keller von Romano Dal Forno, einen Capitel San Rocco delle Lucchine oder Capitel Monte Fontana, zwei *vini ripassati* aus den Trauben des Valpolicella, von den Brüdern Tedeschi gekeltert. Nicht weniger aufregend sind der Recioto di Soave Le Colombare von Leonildo Pieropan oder der Torcolato aus dem Weingut Maculan in Breganze und, noch ausgefallener, der Acininobili aus demselben Haus. Jede einzelne dieser Kreszenzen versüßt in angenehmster Weise das Leben.

Il Desco

Die tragische Liebesgeschichte von Romeo und Julia ist die Geschichte der mörderischen Familienfehden zwischen Guelfen und Ghibellinen. Diese waren Ergebnis und Spiegelbild eines verruchten machtpolitischen Spiels zwischen Kaisertum und Papsttum, und sie zerstörten gegen Ende des 13. Jahrhunderts die ökonomische Grundlage der Stadtrepubliken, den ungehinderten Handel. Die bisher freien Städte ganz Oberitaliens einschließlich der Toskana gerieten dadurch unter die Herrschaft der »Signorie«, d.h. unter die Herrschaft einer einzigen Familie über die Stadt. In Verona waren es die Scaliger, die ihre Macht nun mit allen Mitteln festigten, mit Grausamkeit und Bildung, mit Heldentum und Mäzenatentum. Verona wurde so, aus politischen Gründen, zu einem der Zentren der betörend schönen, märchenhaften Malerei der »internationalen Gotik«, zum Aufstellungsort einer äußerst eigenartigen neuen Grabarchitektur und zum Aufenthaltsort berühmter ghibellinischer Verbannter aus anderen Städten, darunter Dante Alighieri. Dieser schrieb hier im Exil an seiner politischen »Göttlichen Komödie«. Im 6. Gesang des Fegefeuers heißt es über die rivalisierenden Familien Veronas, darunter die von Romeo und Julia:

> *»Ich sah sie gerade, Montecchi und Cappelletti,*
> *Monaldi und Filippeschi, Menschen ohne jegliche Rücksicht;*
> *von boshaftem Anblick und von Mißtrauen gequält.«*

Noch immer ein Platz zum Träumen: Julias Balkon

Abbildung auf Seite 96: Veronas einzigartige Scaligergräber

Scampi e ostriche con spinaci, fagiolini e rafano

Kaisergranate und Austern mit Blattspinat, grünen Bohnen und Meerrettich

Für 4 Personen

16 Austern
16 Kaisergranate
400 g Blattspinat
100 g grüne Bohnen
8 EL Olivenöl extra vergine
20 g Meerrettich
2 Fleischtomaten
Salz, Pfeffer

Austern öffnen und aus der Muschel nehmen. Die Flüssigkeit aufheben.
Die Kaisergranate schälen und nur den Schwanz behalten.
Blattspinat und Bohnen getrennt im heißen Salzwasser wenige Minuten blanchieren, dann in einer Pfanne mit je 2 Eßlöffel Olivenöl kurz anbraten. Die Austern in Olivenöl 1 Minute anbraten, die Scampi 3 Minuten. Salzen und pfeffern.
Aus dem Austernwasser und dem Meerrettich eine Sauce rühren, kurz auf dem Herd eindicken, anschließend mit dem Schneebesen Olivenöl einrühren.
Auf die Teller zuerst den Spinat verteilen, dann die Bohnen und anschließend abwechselnd Austern und Scampi. Mit der Meerrettichsauce beträufeln und mit den gewürfelten Tomaten garnieren. Warm servieren.

Elia Rizzo, Veronas unumstrittener Meisterkoch

Wie anders dagegen, was man heute in Verona antrifft. »Einladend wie das Haus eines Bruders, mit dem man sich gut versteht.« Ernest Hemingway hat in seinem Roman »Über den Fluß und in die Wälder« den Wein aus dem Valpolicella so beschrieben, wie er vielleicht »Il Desco« beschrieben hätte, hätte es zu seiner Zeit das wunderschöne Lokal von Elia Rizzo schon gegeben. Elia hat das Restaurant in den alten Räumen eines ehemaligen Benediktinerklosters im Zentrum der Altstadt eingerichtet. Mit einer gelungenen Mischung aus Alt und Neu: die Decke mit alten bemalten Balken, die Wände mit neuem venezianischen *stucco lustro,* dem mit Bienenwachs polierten Verputz und mit großen modernen Bildern, mit dem geschmackvollen Geschirr von Ginori, den immer frischen Blumen, dem perfekten Service und dem unkompliziert weltmännischen Umgang mit seinen Gästen hat er neue Maßstäbe gesetzt. Daß man die köstlichen Gerichte aus einer der besten Küchen Italiens auch

Ravioli di piselli con taccole e tartufo nero
Erbsenravioli mit Zuckerschoten und schwarzer Trüffel

Für 4 Personen

Für den Teig:

250 g Mehl
2 Eier
Salz

Für die Füllung:

10 g gehackte Zwiebel
30 ml Olivenöl extra vergine
400 g geschälte Erbsen
100 g Mascarpone
Salz

Für die Sauce:

100 g Zuckerschoten
50 g schwarze Trüffel
50 g Butter

Den Teig kneten. Zugedeckt 30 Minuten ruhen lassen. In einer Pfanne die Zwiebel mit Olivenöl anbräunen und die Erbsen dazugeben. Salzen, etwas Wasser dazugießen und etwa 10 Minuten garen. Die Erbsen pürieren, Mascarpone hinzufügen und leicht salzen. Den Teig dünn ausrollen. Auf einer Hälfte in 4 Zentimeter Abstand Häufchen der Füllung verteilen. Mit der anderen Hälfte bedecken und mit einem Teigrad dreieckige oder viereckige Ravioli ausschneiden. Die Ränder zusammendrücken, damit die Füllung beim Kochen nicht ausläuft. Die in Stücke geschnittenen Zuckerschoten mit 20 Gramm Butter und der gehobelten Trüffel 2–3 Minuten anbraten. Die Ravioli in reichlich Salzwasser 2–3 Minuten al dente kochen, abgießen und in der Pfanne wenden. Die restliche Butter und 2–3 Eßlöffel Kochwasser hinzufügen. Auf vorgewärmten Tellern servieren.

auf bequemen Stühlen genießen kann, das rüttelt gefährlich an der bestehenden Ordnung. Grund genug, sich als Abschluß des gelungenen Mahls einige ausgefallene lokale Käsespezialitäten und dazu einen Amarone von »Dal Forno« aus dem Keller bringen zu lassen, das Feinste, was man in dieser Gegend wohl trinken kann, um auf viele weitere derartig hochwillkommene Revolutionen anzustoßen.

Bei einem solchen Wein und dem Essen aus Elias Küche mag einem mancherlei durch den Kopf gehen, ein Gedanke aber drängt sich geradezu auf: Warum haben die Italiener noch immer so wenig begriffen, daß es zum vollkommenen kulinarischen Glück nur des Blickes auf die eigenen Traditionen bedarf. Was man in diesem

Lokal serviert bekommt und was man sich dazu ins Glas schenken lassen sollte, beides spricht Bände. Die großen Weine der Valpolicella, die Recioto-Weine aus teilgetrockneten Trauben, werden seit jeher hauptsächlich aus den autochthonen roten Trauben Corvina, Rondinella und Molinara gekeltert und deshalb »Recioto« genannt, weil sie aus den *orecchie*, im Dialekt den *recie*, gekeltert sind. Gemeint sind damit die oberen äußeren Beeren einer Traube, die am meisten Sonne abbekommen haben und zu Beginn der Weinlese im September schon so reif sind, daß sich an ihnen das »Amarone-Wunder« vollziehen kann. Die Weinbeeren werden nach der Ernte einige Monate getrocknet und dabei von der Edelfäule *botritis cinerea* befallen. Sie bewirkt eine höhere Verdunstung von Flüssigkeit und damit einen höheren Gehalt an Extrakt- und Geschmacksstoffen sowie eine stärkere Zuckerkonzentration, was wiederum die Säure senkt. Diese Beeren werden dann um Weihnachten gekeltert und ergeben entweder einen Recioto della Valpolicella, einen süßen Dessertwein mit einem natürlichen Restzuckergehalt, den traditionellen Festwein, oder einen durchgegorenen Recioto Amarone della Valpolicella, kurz Amarone genannt.

Und diese großartigen Kreszenzen dürfte es eigentlich gar nicht geben, zumindest in ihren besten Varianten nicht. Die DOC-Vorschriften verlangen einen Alkoholgehalt von mindestens 14 Volumprozent, was innerhalb des naturwissenschaftlich Vernünftigen liegt, da der Fermentierungsprozeß doch gemeinhin nach dem Erreichen von 14,5 Volumprozent durch die vom Alkohol bewirkte Zerstörung der Hefen von selbst zum Stillstand kommt. Zum Glück verbietet das Gesetz einen höheren natürlichen Alkoholgehalt nicht und läßt damit, selten genug, ein natürliches Wunder zu. Viele Amarone erreichen nämlich spielend einen Alkoholgehalt von 15 oder 16, in Einzelfällen sogar 17 Volumprozent. Weshalb gerade in diesem Wein die Hefen nicht zum üblichen Zeitpunkt ihren Geist aufgeben und die Kraft haben, auch noch den letzten Rest Zucker jenseits der Sättigungsgrenze zu vergären, das ist bis heute unergründet.

Die Herkunft des Namens ist dagegen kein Geheimnis, auch wenn sein Ursprung weit in die Vergangenheit zurückreicht. Graf Pieralvise Serègo Alighieri gibt gerne Auskunft darüber. Er trägt nicht nur den Namen von Italiens gefeiertstem Dichter und Veroneser Exilanten Dante Alighieri, sondern lebt und arbeitet bis heute in der Villa in Gargagnago, die Dantes Sohn Pietro 1353 erwarb und zu der auch der Weinberg »Vajo dell'Armaron«, der Namensgeber des Amarone, gehörte. Seit 1980 gibt es den »Vajo Armaron« aus dem Hause Serègo Alighieri wieder, einen Amarone der seltensten Art, der vom Weingut Masi in Sant' Ambrogio di Valpolicella abgefüllt und vermarktet wird und der einige alte Traubensorten enthält, die nur in den Weinbergen dieser Familie die Zeiten überdauert haben.

Coda di rospo con fave e lenticchie
Seeteufel mit Saubohnen und Linsen

Für 4 Personen

2 1/2 kg Seeteufel
1 1/2 kg Saubohnen
200 g Linsen
300 g Karotten
1 Zwiebel
2 EL gehackte Petersilie
1 EL Mehl
50 ml Gemüsebrühe
1/2 l Samenöl
60 ml Olivenöl extra vergine
80 g Butter
Salz, Pfeffer

Auch der Valpolicella selbst, gemeinhin zu einem dünnen Massengesöff verkommen, hat Wurzeln, die bis in die verschütteten Schichten von Qualität und dezidierter Eigenart reichen. Im vergangenen Jahrhundert war er zu Recht einer der berühmtesten Weine Italiens, den man auf dieselbe Stufe mit Bordeaux-Weinen stellte. Er wurde nach dem alten Verfahren des *ripasso* hergestellt. Dabei wird der neue Wein von Februar bis März noch einmal, und zwar auf den gerade abgezogenen Schalen der Recioto-Weine, nachvergoren.

Die Saubohnen enthülsen, die Linsen 12 Stunden in Wasser einweichen. Separat jeweils mit 1/2 feingehackten Zwiebel und 15 Gramm Butter schmoren. Salzen.

Die Karotten längs in sehr dünne Streifen schneiden, in Mehl wenden und in Samenöl fritieren. Den Seeteufel in etwa 2 Zentimeter dicke Scheiben schneiden und in einer Pfanne mit 2 Eßlöffel Olivenöl stark anbraten, salzen und pfeffern, vom Herd nehmen und einige Minuten in der Pfanne ruhen lassen.

Die Hülsenfrüchte mit 50 Gramm Butter, dem restlichen Olivenöl und der Gemüsebrühe dazugeben und nochmal erhitzen.

Die Hülsenfrüchte auf die Teller verteilen, die Seeteufelscheiben drauflegen und die fritierten Karotten auf den Fisch anhäufen. Mit gehackter Petersilie garnieren und servieren.

Dante: das Denkmal und der Erbe

101

Tortino di cioccolato
Schokoladentörtchen

Für 4 Personen

125 g Bitterschokolade
75 g Zucker
2 Eier
20 g Mehl
50 g Butter
1 Prise Salz

Die Schokolade im Wasserbad schmelzen, die anderen Zutaten dazugeben und gut vermischen. In 4 kleine mit Butter eingefettete Formen verteilen und im vorgeheizten Ofen bei 100 Grad 20 Minuten backen. Stürzen und lauwarm servieren.

Sein Name mag soviel wie »Paradies« von griechisch *polyzelos* oder »Tal der vielen Keller« von lateinisch *poli* und *cella* bedeuten, sein Ruf war seit langem im tiefsten der vielen Keller gelandet. Dorthin haben ihn die Massenerzeuger gebracht, die mindestens 90 Prozent der Gesamternte des Valpolicella Classico abfüllen. Die restliche Produktion wird von kleinen Betrieben bestritten, die den Wein in eigener Regie herstellen und die nur durch die Produktion von Qualität überleben können. Ihnen haben wir die hochwertigen Weine zu verdanken, die auch heute wieder mit dem Namen Valpolicella Classico und Valpolicella Classico Superiore etikettiert werden.

Es mag Zufall sein, daß Elia ausgerechnet in die Räume eingezogen ist, in welchen sich früher die Benediktinermönche vom Genuß der wohlschmeckenden Gaben Gottes und des hiesigen Bodens erholt haben, aber so schließt sich ein doppelter Kreis. Durch die Wiedereinführung der genialen, antik römischen Technik des *pratum marcidum*, der berieselten Sauerwiesen, durch die Benediktiner wurden der Poebene ihre ursprünglich ertragreichen Äcker wiedergegeben, um die sich Eroberer, Adel und Klerus schon immer geschlagen haben. Durch dieselben Brüder kam auch die Kenntnis des Weinbaus wieder ins Land.

Brüder im Geiste sind sie alle, die Grafen und alten Winzerfamilien, die Bürger aus Verona, die immer einen heimatlichen Qualitätstropfen zu schätzen wußten, und die alten Wirtshausdynastien, wie die, aus der der kochende Autodidakt Elia stammt. Er ist zwischen den Stuhl- und Tischbeinen der Bottega del Vino, der holzgetäfelten Weinstube im Vicolo Scudo di Francia, aufgewachsen und hat von klein auf den Geschmack der traditionellen Speisen kennengelernt – von *risotti*, *paste e fagioli* und *polente*, immer wieder neu, in unendlich vielen Varianten zubereitet. Aber erst nach einem abgebrochenen Studium der Wirtschaftswissenschaften hat er sich für seinen heutigen Beruf als Koch entschieden.

1981 hat er sein eigenes Lokal eröffnet und ihm mit dem Namen gleichzeitig ein Programm gegeben. Der Veroneser Dialektdichter Berto Barbarani hat den Begriff »desco« häufig verwendet. Er leitet sich vom lateinischen *discus* und griechischen *diskos* ab und bedeutet sowohl runder Teller als auch Tisch, um den herum sich eine freundschaftlich verbundene Runde versammelt. Für diese Kreise zu kochen, hatte Elia sich vorgenommen. Kreativ wie der französische Bildhauer Arman aus Nizza, dessen Skulptur den Eingang des Restaurants beherrscht, und *nouveau réaliste* wie dieser, improvisiert Elia über das Thema der alten lokalen Rezepte. Zusammen mit seiner langjährigen Küchenmannschaft, die durchweg aus Verona und Umgebung stammt, verläßt er die ausgetretenen Pfade, ohne vom

Weg abzugehen. Am eigenen Herd hat er sich zum Genie der kleinen Eingriffe und des konzentrierten Geschmacks entwickelt. Seine Liebe gehört dem Fisch und dem Gemüse und der Kombination von beiden, den unterschiedlichen Konsistenzen und dem klar definierten Eigengeschmack der Zutaten, die meist separat gekocht und dann auf dem Teller sorgsam kombiniert werden. Nur ein Gericht, das sich als eine gelungene Symphonie beispielsweise aus weich und fest, aus mild und kräftig, aus knusprig und schmelzig präsentiert, erscheint ihm würdig, auf seinen dekorativen Tellern zu erscheinen.

Regionales Küchenlexikon

affumicato *geräuchert*
agnello *Lamm*
agole (aole) *kleine Weißfische aus dem Gardasee*
agrumi *Zitrusfrüchte*
alborelle *kleine Weißfische aus dem Gardasee*
Amarone *Rotweinspezialität aus der Valpolicella*
anguilla *Aal*
anguria *Wassermelone*
arborio *Reissorte*
asiago *harter Schnittkäse aus Kuh-Vollmilch*
asino *Esel*

baccalà *Stockfisch*
bagoss *Hartkäse*
barbo *Süßwasserbarbe*
Bardolino *Rot- oder Roséwein*
bigoli *dicke Spaghetti*
bollito misto *gekochtes gemischtes Fleischgericht*
bottatrice *Süßwasserdorsch*
braciola *Kotelett*
brasato *Schmorbraten*
bruscandoli *wilde Hopfensprossen*
budino *Pudding*

cannella *Zimt*
canocie *Heuschreckenkrebse*
capitone *großer weiblicher Aal*
capocollo *gepökelter Nackenschinken*
capesante *Jakobsmuscheln*
carciofi *Artischocken*
carne salada *Pökelfleisch*
carpa *Karpfen*
carpione *Gardaseeforelle*
castelmagno *Halbweichkäse*
cavedano *Aitel, Döbel (Weißfischart)*
Chiaretto *Roséwein*
coda di rospo *Seeteufel*
coppa *luftgetrockneter Nackenschinken*
coregone *Blaufelchen*
costata *Rippenstück*
cotechino *Schlackwurst*
cren *Meerrettich*
crescenza *weicher Frischkäse*
crostacei *Schalentiere*
crostata *Mürbeteigkuchen*

faraona *Perlhuhn*
fave *Saubohnen*

fegatini *Hühnerleber*
fettuccine *breite Bandnudeln*
fichi *Feigen*
fiori di zucca (di zucchina) *Zucchiniblüten*
fondi di carciofo *Artischockenböden*
fontina *halbharter Schnittkäse aus Kuhmilch*
formaggio di capra *Ziegenkäse*
formaggio di fossa *in Höhlen gereifter Käse*
fritole (frittelle) *venezianische Krapfen*
frizzante *Perlwein*
frutti di bosco *Waldbeeren*

galani *Faschingsgebäck*
gamberetti *Garnelen, Shrimps*
gamberoni *Riesengarnelen*
gnocchi *Kartoffelnocken*
granseola *Meeresspinne*
Groppello *Rotwein vom westlichen Gardasee*

involtini *Rouladen*

lardo *Speck*
lavarello *Blaufelchen*
lenticchie *Linsen*
lesso *gekochtes Rindfleisch*
lingua *Zunge*
luccio *Hecht*
lugàneghe *halbfeste Wurst*

maggiorana *Majoran*
maltagliati *Nudeln in unregelmäßiger Form*
manzo *Rind*
montasio *Schnittkäse aus Kuh-Rohmilch*
mostarda *Senffrüchtekompott*
musetto *Kochwurst*
musso *Esel*

ostriche *Austern*

pandoro *Veroneser Weihnachtskuchen*
pappardelle *breite Bandnudeln*
pasta e fagioli *Bohnensuppe mit Nudeln*
pasta in brodo *Fleischbrühe mit Teigwaren*
pastissada de caval *geschmortes Pferdefleisch*
pearà *Pfeffersauce*
pesce di lago *Fisch aus dem See*
pesce gatto *Zwergwels*
pesce persico *Flußbarsch*
pesche *Pfirsiche*

piccione *Taube*
pinoli *Pinienkerne*
pinzimonio *Würzsauce für rohes Gemüse*
polenta *Maisbrei*
polpette *Frikadellen*
polpettone *Hackbraten*
porcini *Steinpilze*
porri *Lauch*

quaglia *Wachtel*

rafano *Meerrettich*
rape rosse *rote Bete*
Recioto *süßer Weißwein*
risi e bisi *Reisgericht mit Erbsen*
risotto *Reisgericht*
robiola *Frischkäse aus Kuhmilch*
rucola *Rauke*

salmerino *Saibling*
salmistrato *gepökelt*
sbrisolona *Streuselkuchen*
scampi *Kaisergranate*
sedano *Sellerie*
sformato *Auflauf*
sisàm *marinierte Weißfische mit Zwiebeln*

sopressa *frische grobe Salami*
sottaceti *in Essig eingelegtes Gemüse*
spezie *Gewürze*
storione *Stör*
stracchino *Weichkäse*
stracotto *Rinderschmorbraten*
sugoli *Süßspeise aus eingekochtem Most*

tagliata *Rindfleisch in Streifen*
taleggio *halbfester Schnittkäse aus Kuhmilch*
tartara *Tatar*
tartufo *Trüffel*
terrina *Pastete*
tinca *Schleie*
trippe *Kutteln*
trota *Forelle*

uvetta *Rosine*

verza *Wirsing*
vialone nano *Reissorte*

zafferano *Safran*
zaleti *Maisgebäck*
zampone *gefüllter Schweinsfuß*
zucca *Kürbis*

Die Rezepte

Adressen

Restaurants:

GARDASEE

❶ Ristorante La Terrazza
Via Benaco, 14
Torbole (TN)
Telefon 04 64 / 50 60 83
Geöffnet von Mitte März bis
Ende Oktober
Dienstag geschlossen (außer
im Juli und August)

❷ Trattoria Piè di Castello
Loc. Colonia di Tenno
Riva del Garda (TN)
Telefon 04 64 / 52 10 65
Dienstag geschlossen

❸ Ristorante Tre Camini
Loc. Murlongo
Costermano (VR)
Telefon 0 45 / 7 20 03 42
Fax 0 45 / 7 20 06 90
Montag geschlossen
Ferien im Januar

❹ Ristorante Alla Grotta
Via Fontana, 8
Lazise (VR)
Telefon 0 45 / 7 58 00 35
Fax 0 45 / 7 88 00 35
Dienstag geschlossen
Ferien von Mitte Dezember
bis Mitte Februar

❺ Ristorante Signori
Via Romagnoli, 23
Sirmione (BS)
Telefon 0 30 / 91 60 17
Fax 0 30 / 91 61 93
Montag geschlossen
Ferien im November

❻ Ristorante Da Oscar
Via Barcuzzi, 16
Lonato (BS)
Telefon 0 30 / 9 13 04 09
Montag und Dienstagmittag
geschlossen
Ferien im Januar

❼ Ristorante Al Porto
Via Porto, 29
Moniga (BS)
Telefon 03 65 / 50 20 69
Mittwoch geschlossen

❽ Osteria La Campagnola
Via Brunati, 11
Salò (BS)
Telefon 03 65 / 2 21 53
Montag und Dienstagmittag
geschlossen
Ferien im Januar

❾ La Dispensa
Via Castello, 19
Castellaro Lagusello (MN)
Telefon 03 76 / 8 88 50
Donnerstag, Freitag und Sams-
tagabend und Sonn- und Feier-
tage mittag und abend

❿ Antica Riseria Ferron
Loc. Pila Vecia
Via Sacconever, 6
Isola della Scala (VR)
Telefon 0 45 / 7 30 10 22
Fax 0 45 / 7 30 19 89
Nur auf Vorbestellung für
Gruppen ab 15 Personen

VERONA

⓫ Locanda di Castelvecchio
Corso Cavour, 49
Verona
Telefon 0 45 / 8 03 00 97
Fax 0 45 / 8 01 31 24
Dienstag und Mittwochmittag
geschlossen

⓬ Osteria Oste Scuro
Vicolo San Silvestro, 10
Verona
Telefon + Fax 0 45 / 59 26 50
Sonntag und Montagmittag
geschlossen

⓭ Trattoria Tre Marchetti
Vicolo Tre Marchetti, 19/B
Verona
Telefon 0 45 / 8 03 04 63
Fax 0 45 / 8 00 29 28
Sonntag geschlossen (im Juli
und August am Montag)
Ferien: 2. Junihälfte und
1. Septemberhälfte

⓮ Osteria La Fontanina
Piazza Portichetti Fontanelle, 3
Verona (Santo Stefano)
Telefon 0 45 / 91 33 05
Sonntag und Montagmittag
geschlossen

⓯ Ristorante Il Desco
Via Dietro S. Sebastiano, 7
Verona
Telefon 0 45 / 59 53 58
Fax 0 45 / 59 02 36
Sonntag geschlossen
Ferien: Anfang Januar und
zweite Juni-Hälfte

Weine:

(Viele der erwähnten Weine sind
über die Weinhandlung Eberhard
Spangenbergs GARIBALDI
Frohschammerstraße 14
80807 München
Telefon 0 89 / 3 59 02 22
Fax 0 89 / 3 59 29 29
erhältlich und werden von dort
auch versandt.)

Weingut Bellavista
Via Bellavista, 5
25030 Erbusco (BS)
Telefon 0 30 / 7 76 02 76

Weingut Ca' dei Frati
Via Frati, 22
Fraz. Lugana
25010 Sirmione (BS)
Telefon 0 30 / 91 94 68

Weingut Cantina Sociale La Vis
Via del Carmine, 12
38015 Lavis (TN)
Telefon 04 61 / 24 63 25

Weingut Comincioli
Via Roma, 10
25080 Puegnago del Garda (BS)
Telefon 03 65 / 65 11 41

Weingut Costaripa
Via Cialdini, 12
25080 Moniga del Garda (BS)
Telefon 03 65 / 50 20 10

Weingut Foradori
Via D. Chiesa, 1
38017 Mezzolombardo (TN)
Telefon 04 61 / 60 10 46

Weingut Maculan
Via Castelletto, 3
36042 Breganze (VI)
Telefon 04 45 / 87 37 33

Weingut Masi
(Weine von Serego Alighieri)
Via Monteleone
Fraz. Gargagnago
37020 S. Ambrogio di Valpolicella
(VR)
Telefon 0 45 / 6 80 05 88

Weingut Leonildo Pieropan
Via Camuzzoni, 3
37038 Soave (VR)
Telefon 0 45 / 6 19 01 71

Weingut Russolo
Via Libertà, 36
30020 Pramaggiore (VE)
Telefon 04 21 / 79 90 87

Weingut Fratelli Tedeschi
Via Verdi, 4/A
Fraz. Pedemonte
37029 S. Pietro in Cariano (VR)
Telefon 0 45 / 7 70 14 87

Weingut Zenato
Via S. Benedetto, 8
Fraz. S. Benedetto di Lugana
37019 Peschiera del Garda (VR)
Telefon 0 45 / 7 55 03 00

Weingut Fratelli Zeni
Via Costabella, 9
37011 Bardolino (VR)
Telefon 0 45 / 7 21 00 22

Olivenöl:

Studionatura
Via Trevisago, 40
Manerba del Garda
Telefon + Fax 03 65 / 55 21 51

Käse:

Mercato coperto del formaggio
Enrico Braga
Via Mulino, 1
Gavardo (BS)
Telefon 03 65 / 3 11 10

Bei den Autoren zu Gast

Blick auf die Stadtsilhouette von Siena und auf das Anwesen Torre alle Tolfe.

Erlernen Sie die schönste Sprache, malen Sie in der reizvollsten Landschaft, begegnen Sie den größten Kunstwerken, verkosten Sie die aufregendsten Weine und verlieben Sie sich in die schmackhafteste Küche Italiens – mitten in der Toskana, bei den Autoren dieses Buches zu Gast.

Schenken Sie sich einen etwas anderen Urlaub in der Villa Torre alle Tolfe, einem prachtvollen Anwesen vor den Toren Sienas, mit Blick auf die mittelalterliche Silhouette der Stadt. Ein stilvolles Haus mit Geschichte und Atmosphäre, ein ausgedehnter Park mit alten, schattenspendenden Bäumen und himmlischer Ruhe, ein Schwimmbad und ein Tennisplatz mitten in schönster Landschaft und eine echte Gutsküche erwarten Sie – einfach Toskana, mit allem Komfort.

Wir laden Sie zu unseren Kursen ein:

– italienische Sprachkurse
– Mal- und Zeichenkurse
– toskanische Kochkurse
– kulinarisch-kulturelle Wochen

Prospekte bei:

Incontri Culturali e.V.
Isabellastr. 24
80796 München
Tel. 0 89/2 71 65 60
Fax 0 89/2 71 31 16

Manuela Zardo/Hellmuth Zwecker
Trattorie del Chianti

Ländliche Küche der toskanischen Hügellandschaft
124 Seiten, Leinen mit Schutzumschlag
ISBN 3-88034-875-8

Das weltberühmte Weinbaugebiet in der Hügellandschaft zwischen Florenz und Siena ist nicht nur bekannt für seine köstlichen Weine, sondern auch für sein schmackhaftes einfaches und doch so raffiniertes Essen.

Peter Peter/Christian Schreibmüller
Cucina Siciliana

Vom Essen und Trinken in Sizilien
108 Seiten, Leinen mit Schutzumschlag
ISBN 3-88034-954-1

Siziliens Küche hat noble Wurzeln. Schon im antiken Rom bot man Höchstpreise für sizilianische Köche. 16 bodenständige Trattorie und Restauranti werden mit ihren typisch sizilischen Rezepten vorgestellt.

Birgit Müller/Christoph Mann
Zuppa di zucca

Die Küche des Piemont
112 Seiten, Leinen mit Schutzumschlag
ISBN 3-88034-724-7

Präsentiert werden vier herausragende Restaurants des Piemont, in denen jeweils Frauen das Regiment führen. Jede Köchin hat ihre Menüs einer Jahreszeit gewidmet. Sie kombinieren Tradition und neuzeitliche Kochkunst in exzellenter Weise.

Manuela Zardo/Hellmuth Zwecker
Cucina Amalfitana

Genießen an der Küste von Amalfi, auf Capri und Ischia
120 Seiten, Leinen mit Schutzumschlag
ISBN 3-88034-917-7

Ein Ausflug ins »Land, wo die Zitronen blühen«. Die Autoren weisen den Weg zu den kulinarisch schönsten Plätzen unten am Wasser und oben in den kleinen Orten auf dem Steilhang. Die insularen Vorposten Ischia, Capri und Procida verlocken den Epikureer zu Abstechern.

Manuela Zardo/Jakob Brandis
Bàcari in Venezia

Vom Essen und Trinken in Venedig
111 Seiten, Leinen mit Schutzumschlag
ISBN 3-88034-720-4

Unter Venedigs Gasthäusern hatte im 19. Jahrhundert ein neuer Typus die führende Rolle übernommen: der *bàcaro*, eine Weinschenke mit einfacher einheimischer Küche. Die Autorin stellt 12 der urigsten Bàcari vor.

weitere Restaurants

Torri	– Gardesana	045 – 7225005
	– Galvani	045 – 629 6618
	– AL Cavalle	045 – 7225 666

| Cisano | – AL NAUTICO | 045 – 621 2393 |
| | – AL PORTO | 045 – 7211 422 |

| Bardolino | – AL Giardino | 045 – 6210 477 |
| | – La Loggia Rambaldi | 045 – 6210091 |

| Garda | – Tobago | 045 – 725 6340 |

Lazise	– Kambusa	045 – 75 80158
	– Alla Grotta	045 – 75 80 035
	– La Forgia	045 – 7580 287

Sirmione — Salvatore 030- 916 248

— Catullo 030 - 916 444

— dal Rösa 030 - 916 325

— Vecchia Lugana 030 - 919012

— Signori 030 - 916017

Hinterland — Al Frantoio 045 - 724 2270
(Caprino)

— Pergole 045 - 7580 248
(Carise Richts Affi)